Jana Knöfel

Markenpiraterie und Globalisierung: Die zunehmende Bedeutung des Markenschutzes

Diplomica® Verlag GmbH

Knöfel, Jana: Markenpiraterie und Globalisierung: Die zunehmende Bedeutung des Markenschutzes, Hamburg, Diplomica Verlag GmbH 2010

ISBN: 978-3-8366-8760-7
Druck: Diplomica® Verlag GmbH, Hamburg, 2010

Bibliografische Information der Deutschen Nationalbibliothek:
Die Deutsche Nationalbibliothek verzeichnet diese Publikation in der Deutschen Nationalbibliografie; detaillierte bibliografische Daten sind im Internet über http://dnb.d-nb.de abrufbar.

Die digitale Ausgabe (eBook-Ausgabe) dieses Titels trägt die ISBN 978-3-8366-3760-2 und kann über den Handel oder den Verlag bezogen werden.

© Diplomica Verlag GmbH
http://www.diplomica-verlag.de, Hamburg 2010
Printed in Germany

INHALTSVERZEICHNIS

ABKÜRZUNGSVERZEICHNIS

Art.	Artikel
BGH	Bundesgerichtshof
CIB	Counterfeiting Intelligence Bureau
d.h.	das heißt
EIEMA	Electrical Installation Equipment Manufacturers' Association
EuGH	Europäischer Gerichtshof
EWR	Europäischer Wirtschaftsraum
FIFA	Federation Internationale de Football Association
Fußball WM 2006	Fußballweltmeisterschaft 2006
gem.	gemäß
GACG	Global Anti-Counterfeiting Group
GMV	Gemeinschaftsmarkenverordnung
HABM	Harmonisierungsamt für den Binnenmarkt
MarkenG	Markengesetz
MarkenRili	Erste Richtlinie zur Angleichung der Rechtsvorschriften der Mitgliedsstaaten über die Marken
MMA	Madrider Markenabkommen
OLG	Oberlandesgericht

PMMA	Protokoll zum Madrider Markenabkommen
PVÜ	Pariser Verbandsübereinkunft
REACT	Réseau Européen Anti Contrefacon
S.	Seite
sog.	sogenannte
TRIPS	Trade Related Aspects on Intellectual Property Rights
Unifab	Union des fabricants
Urt.	Urteil
vgl.	vergleiche
WIPO	World Intellectual Property Organization
WCO	World Customs Organisation
z.B.	zum Beispiel

ABBILDUNGSVERZEICHNIS

1. EINLEITUNG

Im vergangenen Jahr wurden beim Deutschen Patent- und Markenamt 72.321 neue Marken angemeldet. Dies ist ein Plus von 2% gegenüber 2005.[1]

Marken gewinnen also im Wirtschaftsverkehr an immer größerer Bedeutung. Sie sichern den guten Ruf des Unternehmens und schaffen Vertrauen in die Produkte und Dienstleistungen. Des Weiteren bieten sie auch wirksamen Schutz im Wettbewerb, insbesondere gegen Markenpiraterie oder sog. Trittbrettfahrer, die von dem wirtschaftlichen Erfolg des Unternehmens mit profitieren möchten.

Die Zahl der gefälschten Waren, die der Zoll beschlagnahmt, steigt stetig. In den Jahren 1988 bis 1994 beschlagnahmte der Zoll in ca. 1.000 Fällen gefälschte Waren. Im Jahr 2005 waren es schon 7.217, und im Jahr 2006 sogar 9.164.[2]

Dabei hat jedoch nicht nur die Anzahl, sondern auch die Qualität der Warenzeichenfälschungen zugenommen. Vor einigen Jahren erkannte man noch problemlos das gefälschte Produkt von dem Originalprodukt. Heutzutage ist es selbst für Spezialisten schwer zu erkennen, ob es sich um eine Fälschung oder um eine Originalmarke handelt. Die Kopierer spezialisieren sich immer mehr, und schaffen es immer originalgetreuere Waren zu produzieren.

2. WAS IST EINE MARKE?

Der Begriff „Marke" hat einerseits seinen Ursprung aus dem französischen Begriff „*marque*" (Kennzeichen) oder „*marquer*" (markieren) und andererseits aus dem lateinischen Begriff „*margo*", was soviel bedeutet wie ei-

---

[1]   vgl. http://www.markenlexikon.com/start.html, 22.04.2007
[2]   vgl. www.zoll.de/b0_zoll_und_steuern/d0_verbote_und_beschraenkungen /f0_gew_rechtsschutz/a0_markenpiraterie/index.html, 03.05.2007

ne Grenzlinie ziehen. Die Marke zieht also eine Grenzlinie zwischen markierten und unmarkierten Objekten.[3]

Gemäß § 3 MarkenG sind Marken Zeichen, die dazu geeignet sind, die Waren oder Dienstleistungen eines Unternehmens von denen eines anderen Unternehmens zu unterscheiden. Dies ist schon seit mehreren Jahrhunderten so. Eine der ersten bekannten Marken in Deutschland war bereits Anfang des 18. Jahrhunderts die Abbildung gekreuzter Schwerter für das Meißner Porzellan.[4]

Eine Marke kann allerdings auch dazu dienen, die Waren von ein und demselben Unternehmen zu unterscheiden. Dies geschieht meistens indem man sog. „Untermarken" verwendet, die zu einer „Obermarke", oder auch „Dachmarke" genannt, hinzukommen. Als Beispiel können hier die Autos Passat, Golf und Polo unter der Dachmarke „VW" genannt werden.[5]

Mit Einführung einer Dachmarke kann die Akzeptanz und Kompetenz einer Marke in der Wahrnehmung des Verbrauchers erhöht werden. Zum Beispiel wurden über 200 touristische Marken der TUI AG unter einem Dach gebündelt. Damit sollte erreicht werden, dass die Nachfrager auf allen Stufen der Wertschöpfungskette an den Konzern gebunden werden, und die Markentreue erhöht wird.[6]

Die Definition der Marke ist allerdings mit § 3 MarkenG nicht abgeschlossen, da eine Marke aus materiellen als auch immateriellen Komponenten besteht. Man spricht ihr sogenannte physisch-funktionale und symbolische Nutzenkomponenten zu. Die physisch-funktionalen Nutzenkomponenten beschreiben das Ergebnis der Innovationsfähigkeit der Institution, die die Marke trägt, und die symbolischen Nutzenkomponenten umfassen nicht

---

[3] vgl. *Göttgens/Gelbert/Böing*, Profitables Markenmanagement, Strategien – Konzepte – Best Practices, BBDO Consulting, S. 8 f.

[4] vgl. *Renner, Cornelius,* Die wunderbare Welt der Marken; Über den Alltag in Wort, Bild, Ton und Farbe eines Markenrechtsanwalts in justament, Die Referendarszeitschrift, vier 2006

[5] vgl. *Giefers/May*, Markenschutz, Waren- und Dienstleistungsmarken in der Unternehmens- und Rechtspraxis, 5. Auflage, 2003, S. 32

[6] vgl. *Meffert/Burmann/Koers*, Markenmanagement, Identitätsorientierte Markenführung und praktische Umsetzung, S. 704 f.

nur die schutzfähigen Zeichen, sondern vor allem auch die nicht schutzfähigen Zeichen, die den Auftritt und das Wesen der Marke charakterisieren. Die Marke wird bei dieser Betrachtung als Nutzenbündel angesehen.[7]

Insgesamt kann man sagen, dass eine Marke alles sein kann, was sich durch Sehen und Hören erfassen lässt, und was sich grafisch nachvollziehbar darstellen lässt; z.B. durch eine Abbildung, eine Zeichnung oder durch Noten.[8]

Des Weiteren kann man sagen, dass eine Marke das größte Kapital für ein Unternehmen ist, da sich ein Unternehmen über seine Marken definiert und diese also sozusagen ein Aushängeschild für die Waren und Dienstleistungen des Unternehmens sind.[9] Marken besitzen einen immateriellen Wert, der nicht zu unterschätzen ist. Als Beispiel kann hier die Marke Coca-Cola genannt werden, die den weltweit höchsten immateriellen Markenwert besitzt. Des Weiteren binden die Marken den Verbraucher an das Unternehmen. Marken können sowohl Waren als auch Dienstleistungen kennzeichnen.

2.1.   Markenarten

In Deutschland können alle gewerblich genutzten Kennzeichen geschützt werden (§ 1 MarkenG). Unter gewerblich genutzten Kennzeichen versteht man Marken, geschäftliche Bezeichnungen und geographische Herkunftsangaben. Voraussetzung für den Schutz ist allerdings, dass die Bezeichnung unterscheidungskräftig ist, nicht beschreibend und auch nicht irreführend ist.

---

[7]   vgl. *Meffert/Burmann/Koers*, Markenmanagement, Identitätsorientierte Markenführung und praktische Umsetzung, S. 7 f.

[8]   vgl. *Richter, Felix*, Marken, Markenschutz und Markenanmeldung, www.ra-kanzlei-richter.de, 02.05.2007

[9]   vgl. www.markenschutz-infos.de/markenschutz/grundlagen/markenrechtgrundlagen.htm., 8.05.2007

Als Marke können folgende Zeichen geschützt werden:

- Wortmarken (einschließlich Personennamen)

  Wortmarken sind Marken, die aus einem oder mehreren Wörtern, einzelnen Buchstaben oder Zahlen bestehen. Auch eine Kombination dieser Elemente ist zulässig.[10] Am häufigsten werden Wortmarken angemeldet wie zum Beispiel „Persil", „google.com" oder „Microsoft".

- Buchstaben

  Es kann jede Buchstabenkombination schutzfähig sein, wenn keine Schutzhindernisse gem. §§ 8 oder 9 MarkenG vorliegen.[11] Somit können auch Buchstabenkombinationen wie z.B. die Buchstabenfolge „BMW" oder „IBM" geschützt werden.

- Hörmarken

  Hörmarken dienen der akkustischen Wiedergabe und werden durch Noten oder Sonagramme dargestellt.[12] Wird ein Jingle eines Unternehmens regelmäßig für Werbezwecke eingesetzt, kann auch dieser als Marke geschützt werden.[13]

- Bildmarken oder Abbildungen

  Bildmarken bestehen aus Bildern, Graphiken oder geometrischen Figuren.[14] Es sind Abbildungen ohne Schriftzeichen oder Wortbestandteile.[15] Bekannte Bildmarken sind zum Beispiel der Mercedes-Stern oder das Ausrufezeichen von JOOP!

---

[10] vgl. *Repenn / Weidenhiller*, Markenbewertung und Markenverwertung; Kauf und Verkauf, Pfändung und Sicherungsübereignung von Marken, Markenlizenz, Bilanzierung von Markenwerten, Markenwert-Tabellen, 2. Auflage, S. 7

[11] vgl. *Berlit*, Das neue Markenrecht, 4. Auflage, S. 10 f.

[12] vgl. *Repenn / Weidenhiller*, Markenbewertung und Markenverwertung; Kauf und Verkauf, Pfändung und Sicherungsübereignung von Marken, Markenlizenz, Bilanzierung von Markenwerten, Markenwert-Tabellen, 2. Auflage, S. 8

[13] vgl. *Berlit*, Das neue Markenrecht, 4. Auflage, S. 10 f.

[14] vgl. *Repenn / Weidenhiller*, Markenbewertung und Markenverwertung; Kauf und Verkauf, Pfändung und Sicherungsübereignung von Marken, Markenlizenz, Bilanzierung von Markenwerten, Markenwert-Tabellen, 2. Auflage, S. 7

[15] vgl. www.tutorials.de/forum/webmaster-tutorials/75495-markenrecht-und-dpma.de, 02.05.07

- Zahlen

  Zahlen, in Ziffern oder ausgeschrieben, wie zum Beispiel „QUATTRO" oder „4711" sind auch schutzfähig.

- Wort- / Bildmarken

  Hierunter fallen Marken, die Elemente einer Wort- und einer Bildmarke enthalten oder deren Schriftform grafisch gestaltet ist.[16] Als Beispiel dafür ist das Bayer-Kreuz zu nennen.

- Farben und Farbzusammenstellungen

  Normalerweise werden einzelne Farben nicht für schutzfähig angesehen, da sie für jeden frei verwendbar sein sollen, d.h. es muss geprüft werden, ob ein Freihaltebedürfnis des Verkehrs besteht. Der Schutz gilt also nur für die konkrete Art des Erscheinungsbildes, welches sich dem Verbraucher präsentiert. Die Farbmarkenanmeldung ist somit dem Markenschutz nur zugänglich, wenn die Farben nicht unabhängig von jeder Formgebung geschützt werden sollen, sondern lediglich im Rahmen einer konkreten Aufmachung, in der die Ware für den Verkehr in Erscheinung tritt.[17]

  Schutzfähige Farbkombinationen sind z.B. gelb-rot bei Maggi oder blau-weiß bei ARAL.[18]

- Dreidimensionale Gestaltungen (einschließlich Warenform oder Warenverpackung)

  Gem. § 3 Abs. 1 MarkenG ist der Schutz einer Warenverpackung als Marke völlig unproblematisch. Es ist lediglich entscheidend, ob die Verpackung geeignet ist, die Waren des Markenanmelders von denjenigen anderer Unternehmen zu unterscheiden. Es reicht also aus, wenn die Gestaltung der Marke für den zu schützenden War-

---

[16] vgl. *Repenn / Weidenhiller*, Markenbewertung und Markenverwertung; Kauf und Verkauf, Pfändung und Sicherungsübereignung von Marken, Markenlizenz, Bilanzierung von Markenwerten, Markenwert-Tabellen, 2. Auflage, S. 7

[17] vgl. Das neue Markenrecht, Grundlagen und Auswirkungen in der anwaltlichen Praxis, Verlag C.H. Beck München, S. 28

[18] vgl. *Berlit*, Das neue Markenrecht, 4. Auflage, S. 10 f.

enbereich nicht zwingend geboten ist.[19] Die „Granini Flasche"
wurde zum Beispiel auf Grund ihrer originellen bauchigen Gestaltung als schutzfähig beurteilt.[20]

- Kollektivmarken und Verbandszeichen
  Nicht nur Individualmarken sind schutzfähig. Es können auch sogenannte Kollektivmarken in das Markenregister eingetragen werden (vgl. § 97 MarkenG). Unter Kollektivmarken versteht man
  Kennzeichen eines rechtsfähigen und gewerbliche Zwecke verfol-
  genden Verbandes, die den Verbandsmitgliedern für ihre Waren
  oder Dienstleistungen zur Verfügung stehen. Sie gehen auf mitte-
  lalterliche Zunft- und Gildezeichen zurück und repräsentieren einen hohen Qualitätsstandard, der von den Mitgliedern definiert
  wird. Beispiele dafür sind zum Beispiel die Normbezeichnung
  „DIN" oder das „Internationale Wollsiegel".

- Werbeslogans
  Dass Werbeslogans auch als Marke eingetragen werden können,
  steht im Gesetz nicht geschrieben. Allerdings hat es sich etabliert,
  dass auch Werbeslogans als Marken (Wortmarken) eingetragen
  werden können. Allerdings wird den meisten Werbeslogans regelmäßig die Eintragung als Marke mangels Unterscheidungskraft
  verweigert. Nur wenn einem Slogan ein phantasievoller Über-
  schuss zukommt, wenn er mehrdeutig ist oder durch seine unübli-
  che sprachliche Fassung eine gewisse Originalität aufweist, kann
  ihm im Einzelfall Unterscheidungskraft zuerkannt werden.[21]

Zeichendarstellungen, die durch die Warenart selbst bedingt sind, erforder-
lich sind, um die beabsichtigte technische Wirkung zu erreichen, oder die

---

[19] vgl. *Berlit*, Das neue Markenrecht, 4. Auflage, S. 10 f.
[20] vgl. *Zierhut, Christian*, Markenschutz – aber richtig!,
      www.123recht.net/article.asp?a=15834, 02.05.2007
[21] vgl. Das neue Markenrecht, Grundlagen und Auswirkungen in der anwaltlichen Praxis,
      Verlag C.H. Beck München, S. 29

den restlichen Wert der Ware ausmachen, sind vom Markenschutz ausdrücklich ausgenommen.[22]

2.2. Funktionen einer Marke

Eine Marke besitzt vielfältige Funktionen, wie z.B. die Herkunfts-, die Unterscheidungs-, die Garantie- oder Vertrauensfunktion, die Werbe- die Schutz- und die Monopolisierungsfunktion. Aber auch wirtschaftliche, soziale und sozialpsychologische Funktionen machen den Wert einer Marke aus.[23] Des Weiteren ist die Marke auf Grund der Wiedererkennungsfunktion durch den Verbraucher und die Möglichkeit der Kontrolle durch den Markeninhaber ein Instrument des Verbraucherschutzes. Dies bestätigt auch die Ideal-Standard-Entscheidung vom 22. Juni 1994 des EuGH.[24] In dieser wurde verdeutlicht, dass das Warenzeichen seine Aufgabe nur erfüllen kann, wenn es die Gewähr bietet, dass alle Erzeugnisse, die mit ihm versehen sind, unter der Kontrolle eines einzigen Unternehmens hergestellt worden sind, das für ihre Qualität verantwortlich gemacht werden kann.[25]

Eine Marke besitzt immer mehrere Einzelfunktionen, eine vorrangige oder auch übergeordnete Funktion gibt es nicht. Das einzige was geregelt ist, ist welche Funktion einen rechtlichen Schutz erhalten soll.[26]

2.2.1. Herkunftsfunktion

Die Herkunftsfunktion steht für eine gleichbleibende Identität des Herstellers.[27] Durch die Herkunftsfunktion ist die Wiedererkennung eines bestimmten Produkts gegeben.[28] Man kann also erkennen, aus welchem Unternehmen die Marke stammt.

---

[22]   vgl. *Berlit*, Das neue Markenrecht, 4. Auflage, S. 10 f.
[23]   vgl. *Marx, Claudius,* Deutsches und europäisches Markenrecht, Handbuch für die Praxis, S. 14
[24]   vgl. Die Marke, Markenschutz bei Henkel, S. 5
[25]   EuGH, Urt. v. 22.6.1994 – Rs C-9/93, GRUR Int. 1994, 614
[26]   vgl. *Marx, Claudius,* Deutsches und europäisches Markenrecht, Handbuch für die Praxis, S. 14
[27]   vgl. *Marx, Claudius,* Deutsches und europäisches Markenrecht, Handbuch für die Praxis, S. 14
[28]   vgl. Die Marke, Markenschutz bei Henkel, S. 5

2.2.2. Unterscheidungsfunktion

Der Begriff „ abstrakte Unterscheidungsfunktion" lässt sich in § 3 Abs. 1 2. Halbsatz MarkenG nachlesen. Danach dienen Marken dazu, die eigenen Waren oder Dienstleistungen von denen der Wettbewerber zu unterscheiden. Das bedeutet, dass aus einer anonymen Ware ein Markenartikel, und aus einer anonymen Dienstleistung eine individualisierbare Markenleistung wird.[29]

2.2.3. Garantie- oder Vertrauensfunktion

Die Garantiefunktion steht für eine konstante Qualität der Ware.[30] Hier darf die Bezeichnung „Garantie" jedoch nicht im streng rechtlichen Sinne verstanden werden. Nur weil ein Produkt einen bestimmten Markennamen trägt, besitzt der Verbraucher keine Gewährleistungsansprüche gegen den Hersteller, falls die Ware fehlerhaft ist.[31] Die Marke gewährt lediglich, dass die mit ihr versehenen Waren oder Dienstleistungen unter der Kontrolle eines einzigen Unternehmens hergestellt / erbracht worden sind.[32]

2.2.4. Qualitätsfunktion

Die Qualitätsfunktion der Marke wird vom Europäischen Gerichtshof in ständiger Rechtsprechung betont. Demnach ist das Markenrecht ein wesentlicher Bestandteil des Systems eines unverfälschten Wettbewerbs. Eine Marke muss die Aufgabe erfüllen, die Kunden durch die Qualität an sich zu binden. Das kann sie nur schaffen, wenn sie Gewähr dafür bietet, dass alle mit ihr versehenen Waren oder Dienstleistungen von nur einem einzigen Unternehmen hergestellt werden, und dass auch nur dieses eine Unternehmen für die Qualität verantwortlich gemacht werden kann.[33]

---

[29] vgl. *Giefers/May*, Markenschutz, Waren- und Dienstleistungsmarken in der Unternehmens- und Rechtspraxis, 5. Auflage, 2003, S. 30

[30] vgl. *Marx, Claudius,* Deutsches und europäisches Markenrecht, Handbuch für die Praxis, S. 14

[31] vgl. *Giefers/May*, Markenschutz, Waren- und Dienstleistungsmarken in der Unternehmens- und Rechtspraxis, 5. Auflage, 2003, S.32 f.

[32] vgl. *Ilzhöfer, Volker,* Patent-, Marken- und Urheberrecht, Leitfaden für Ausbildung und Praxis, 5. Auflage, S. 111

[33] vgl. *Marx, Claudius,* Deutsches und europäisches Markenrecht, Handbuch für die Praxis, S. 16 f.

2.2.5. Werbefunktion

Eine Marke besitzt auch eine enorme Werbewirkung. Nur durch die Marke kann der Verbraucher das in der Werbung angepriesene Produkt im Supermarkt wiedererkennen. Der Verbraucher assoziiert also mit einer bestimmten Marke einen bestimmten Ruf.[34]

2.2.6. Monopolisierungsfunktion

Die Monopolisierungsfunktion betrachtet die Position des Markeninhabers. Demnach besitzt er das ausschließliche subjektive Recht an der Benutzung eines Zeichens, dessen exklusiver Gebrauch zur Kennzeichnung bestimmter Waren oder Dienstleistungen ihn gegen eine Verwässerung seiner Marktbeziehungen durch substitutive Güter oder Dienstleistungen konkurrierender Anbieter schützt.[35] Die Monopolisierungsfunktion ist in § 14 MarkenG geregelt. In § 14 Abs. 1 heißt es, dass der Erwerb des Markenschutzes dem Inhaber der Marke ein ausschließliches Recht gewährt.

2.2.7. Schutzfunktion

Eine Marke besitzt eine Schutzfunktion, da sie auf Grund des Markengesetzes („*MarkenG*") rechtlichen Schutz erlangt. Der Markenbesitzer ist somit vor einer ungerechtfertigten Beeinträchtigung der Positionierung seiner Produkte geschützt.[36]

2.3. Historie der Marken

Im Mittelalter und in der Neuzeit gab es Herkunftskennzeichnungen durch Steinmetze, Gold- und Silberschmiede, Buchdrucker, Papier- und Porzellanhersteller. In juristischen Texten aus dem 15. Jahrhundert kann man sogar den Begriff „Piracy" nachlesen.[37] Im 18. Jahrhundert bezeichnet „Piracy" dem Oxford Shorter English Dictionary zufolge eine in Gewinnabsicht

---

[34] vgl. *Giefers/May*, Markenschutz, Waren- und Dienstleistungsmarken in der Unternehmens- und Rechtspraxis, 5. Auflage, 2003, S. 32

[35] vgl. *Marx, Claudius,* Deutsches und europäisches Markenrecht, Handbuch für die Praxis, S. 14

[36] vgl. *Schmoch, Ulrich*, Marken als Innovationsindikator für Dienstleistungen, Studien zum deutschen Innvoationssystem, Nr. 7-2003, S. 3

[37] vgl. *Harte-Bavendamm*, Handbuch der Markenpiraterie in Europa, 2000, S. 2

vorgenommene unerlaubte Ausnutzung des Werkes oder der Erfindung eines Anderen.[38]

Auch wenn die Marke seit jeher der Unterscheidung und der Identifizierung diente,[39] erfuhr sie im Laufe des Jahrhunderts einen enormen Wandel.

Auf Grund der Massenproduktion, die mit dem Zeitalter der Industrialisierung begann, wurden die persönlichen Geschäftsbeziehungen zwischen den produzierenden Unternehmen und den Endverbrauchern immer geringer. Der Markt war geprägt von anonymen Waren. In dieser Zeit wurde die Marke als bloßes Eigentumszeichen angesehen.[40] Durch die Industrialisierung erfuhren aber auch die Handelsbeziehungen eine tiefergehende Vernetzung zwischen den Ländern. Auch deshalb bot sich die Marke als Kennzeichnungsmittel an, da sie die Waren unmissverständlich und unabhängig von der jeweiligen Landessprache kennzeichnete.

Ab Mitte der 60er Jahre entstand die nächste Entwicklungsphase der Marke. Der Verkäufermarkt entwickelte sich in dieser Zeit zu einem Käufermarkt, auf dem das Warenangebot enorm wuchs. Der Absatzbereich der Unternehmen entwickelte sich so zu einem dominanten Engpassbereich. Insbesondere die Markenartikelhersteller beschäftigten sich in dieser Situation mit der systematischen Gestaltung des Absatzbereiches und nutzten diese Situation zur qualitätsorientierten Profilierung ihrer Markenartikel und zur Festigung ihrer Marktposition.[41]

Ab Mitte der 70er Jahre bis Ende der 80er Jahre waren ausgeprägte Sättigungstendenzen auf vielen Märkten zu erkennen. Auch die Verbraucher waren wesentlich kritischer und preissensibler geworden. Es bestand eine Markeninflation, die zu einem zunehmenden „*information overload*" der Konsumenten führte. Daher versuchten die Markenartikelhersteller neue

---

[38]   vgl. *Per Mollerup*, Marks of Excellence, The History and Taxanomy of Trademarks, London 1997, S. 20/32
[39]   vgl. *Gotta* u.a., Fach & Wissen, Brand News, Wie Namen zu Markennamen werden, S. 7
[40]   vgl. *Meffert/Burmann/Koers*, Markenmanagement, Identitätsorientierte Markenführung und praktische Umsetzung, 2. Auflage, S. 22
[41]   vgl. *Meffert/Burmann/Koers*, Markenmanagement, Identitätsorientierte Markenführung und praktische Umsetzung, 2. Auflage, S. 24

Formen der Zielgruppenansprache zu erschließen. Eine hohe und konstante Qualität war als Abgrenzung von Markenartikeln gegenüber Nicht-Markenartikeln nicht mehr so bedeutend, da sie von den meisten Käufern erwartet wurde und daher immer weniger als Differenzierung nutzbar war. In dieser Zeit war das Markenverständnis von einer nachfragebezogenen, subjektiven Begriffsauffassung geprägt, nach der die Produkte oder Dienstleistungen als Markenartikel bezeichnet wurden, welche von den Konsumenten als solche wahrgenommen wurden.[42]

Ab Beginn der 90er Jahre entstand ein neues Markenverständnis. Auf Grund wachsender internationaler Verflechtung und Globalisierung wurde technisches Know-how immer schneller verbreitet. Dadurch entstand eine Angleichung der technisch-objektiven Produkteigenschaften konkurrierender Marken. Die zunehmende Qualitätsangleichung und Substituierbarkeit der Angebote erstrecken sich genauso auf Konsumgüter wie auch auf Dienstleistungen und Investitionsgüter. Auf Grund dessen haben viele Dienstleister, Investitionsgüterhersteller und Zulieferer in den vergangenen Jahren in verstärktem Maße auf die Entwicklung eigener Marken zur Differenzierung ihrer Leistungen zurückgegriffen.[43]

Durch die zahlreichen Fusionen und Übernahmen in den 90er Jahren sind viele Weltmarken entstanden. So ist zum Beispiel durch die Fusion von „Preussen Elektra" und „Bayernwerk" der Markenname „E.On" entstanden.[44] Aber auch der Internetboom ist Grund für neue Marktimpulse, da aus Domains wie „Ebay" oder „Google" weltweit bekannte Markennamen geworden sind.

Ein weiteres Zeichen für den Wandel des Markenverständnisses ist die Tatsache, dass sich das Deutsche Patentamt im Jahre 1998 auf Grund der

---

[42]   vgl. *Meffert/Burmann/Koers*, Markenmanagement, Identitätsorientierte Markenführung und praktische Umsetzung, 2. Auflage, S. 25 f.
[43]   vgl. *Meffert/Burmann/Koers*, Markenmanagement, Identitätsorientierte Markenführung und praktische Umsetzung, 2. Auflage, S. 27
[44]   vgl. www.markenlexikon.com/marken_geschichte.html, 03.05.2007

steigenden Zahl der Markenanmeldungen in „Deutsches Patent- und Markenamt umbenannt hatte.[45]

2.4. Zunehmende Bedeutung einer Marke für Unternehmen

Ein Zitat von Werner Mitsch lautet:

> *Wenn man erst einmal einen Namen hat, ist es ganz egal, wie man heißt.*

Dies ist auch der Grund, weshalb sich heutzutage Firmen jeder Größe für Markennamen interessieren. Die Marke gehört zu den wichtigsten Vermögenswerten eines Unternehmens, da sie über Lizenzen, Franchising, Merchandising und Sponsoring wirtschaftlich verwertet werden kann. Marken haben zudem den Vorteil, dass sie als Kreditmittel eingesetzt und selbstständig, also ohne den dazugehörigen Geschäftsbetrieb, veräußert werden können.[46] Durch Zusammenschlüsse, Übernahmen, Gemeinschaftsunternehmen, etc. wird es für den Verbraucher immer schwieriger zu erkennen, welches Unternehmen hinter einem bestimmten Markenartikel oder einer bestimmten Dienstleistung steht.[47]

Marken zählen zum geistigen Eigentum eines Unternehmens und müssen deshalb, genauso wie Erfindungen oder technische Betriebsgeheimnisse, geschützt werden. Denn eine Marke kann nur die weiter oben beschriebenen Funktionen erfüllen, wenn nicht von verschiedenen Unternehmen dieselbe Marke für gleiche Waren oder Dienstleistungen benutzt wird.[48]

Der Europäische Gerichtshof bezeichnet das Markenrecht sogar als „wesentlichen Bestandteil des Systems eines unverfälschten Wettbewerbs".[49]

---

[45] vgl. *Schmoch, Ulrich,* Marken als Innovationsindikator für Dienstleistungen, Studien zum deutschen Innvoationssystem, Nr. 7-2003, S. 3

[46] vgl *Ferchland, Antje,* www.anwalt24.de/profil/11084/antje_ferchland_ll_m./ blog/15/393/markenschutz_benutzungsmarke, 10.05.2007

[47] vgl. *Grauel, Holger,* Effektiver Markenschutz durch die Markenabteilung, MarkenR 05/2005, S. 217

[48] vgl. *Giefers/May,* Markenschutz, Waren- und Dienstleistungsmarken in der Unternehmens- und Rechtspraxis, 5. Auflage, 2003, S. 35

[49] EuGH, Urt. v. 17.10.1990 – Rs C 10/89, GRUR Int. 1990, 960

Die Marken erleben durch die enorme Gewinnerwartung eine Blütezeit, da Marken Verkaufshilfen, Monopole, selbstständige Vermögenswerte und stabilitätstragende Elemente in einer instabilen Zeit sind. Die Waren oder Dienstleistungen werden heute nicht mehr bloß verteilt, sondern über Marken angeboten.[50]

Vor allem bei den kaufkräftigen Konsumenten liegt der Sinn nicht allein nur in der Versorgung mit Gütern; es geht ihnen vielmehr um überdurchschnittliche Qualität, Lifestyle, Prestige, Einkaufserlebnis und andere häufig kaum fassbare subjektive Elemente.[51] Der Marke wird sogar eine „Markenpersönlichkeit" zugesprochen, sie ist Signalcode für ein Produkt zur Kommunikation zwischen Akteuren im Marktgeschehen.[52]. Gerade heutzutage wird darauf Wert gelegt, dass man ein einzelnes Individuum ist, das mit bestimmten und klar abgrenzbaren Merkmalen ausgestattet ist. Man möchte sich von der Masse abheben und an aktuellen Trends teilhaben. Man kann auch sagen, dass die Marke über einen „Snob Value", also ein gewisses Etwas, verfügt, das den Verbraucher von Anderen abhebt. Die Wertigkeit der Marken wird also zur Persönlichkeitseinordnung, -abgrenzung und –aufwertung genutzt. Die moderne Bevölkerung ist markenhörig geworden.[53] Dies zeigt auch der aufsteigende Trend sich Markenware auszuleihen. So entstand z.B. das Unternehmen „Luxusbabe", bei dem sich Frauen per Internet registrieren lassen können und für Monatsabonnements ab 29 Euro teure Designertaschen ausleihen können, die sie sich sonst nicht leisten könnten.[54]

Des Weiteren kann man auf Grund von Markennamen die Informationsflut, die einen tagtäglich überwältigt, besser filtern. Forscher der University of California Los Angeles haben bewiesen, dass unser Gehirn Markennamen besser verarbeitet als gewöhliche Namen.[55]

---

[50] vgl. *Bugdahl, Volker,* Erfolg(reich) mit Marken, MarkenR 07-08/2005, S. 308
[51] vgl. *Harte-Bavendamm*, Handbuch der Markenpiraterie, S. 7
[52] vgl. *Fezer*, Markenrecht, München 1997, § 3 MarkenG Rdnr. 11 und § 14 Rdnr. 425.
[53] vgl. *Bugdahl, Volker,* Erfolg(reich) mit Marken, MarkenR 07-08/2005, S.308
[54] vgl. *Schmitt, Sabine,* Luxus auf Pump, Rheinische Post vom 12. August 2006
[55] vgl. *Schröder*, Markennamen zünden in der rechten Hirnhälfte, SPIEGEL ONLINE v. 14.8.2002

Gerade in der heutigen Zeit gewinnt die Marke an Bedeutung, da sie immer mehr zum weltweit einsetzbaren Herkunftshinweis, Qualitätssymbol und Kommunikationselement wird.[56] Des Weiteren sind Marken oder Markenartikel durch ihr systematisches Streben nach Leistungsvorsprüngen ein wesentliches Element unserer heutigen Wissensgesellschaft, der sog. „knowledge-based society".[57]

Die Marke ist auch für die Volkswirtschaft sehr wichtig. Der Umsatz mit Markenartikeln aus deutscher Produktion ist z.B. im Zeitraum von 1998 bis 2003 um durchschnittlich 3,7% pro Jahr gestiegen. Somit entfällt fast ein Viertel der Umsätze im verarbeitenden Gewerbe auf Markenartikel. Der Anteil der Markenartikelumsätze an der gesamten Volkswirtschaft ist auf mehr als 7% angestiegen. Auch der Staat profitiert von starken Marken, da er Steuern und Abgaben für Sozialversicherungen einnimmt. Die Markeninhaber führen Gewinnsteuern sowie anteilige Sozialversicherungsbeiträge ab. Und auch die Beschäftigten der Markenartikelindustrie zahlen Lohn- und Einkommensteuer sowie anteilige Verbrauchsteuern.[58]

Aber auch die Bewertung von Marken wird immer wichtiger. Da das heutige Wirtschaftsgeschehen von Fusionen und Übernahmen geprägt wird, und die Frage nach dem Gesamtwert eines Übernahmeunternehmens immer mehr in den Vordergrund rückt, darf man sich nicht mehr nur an den Sachwerten orientieren, sondern sich auch auf den Markenwert konzentrieren. Denn der zu erwartende Ertrag und Markterfolg wird vor allem durch das Ansehen und Vertrauen der Kunden in das Unternehmen, und damit seinen Marken, bestimmt.[59]

Jedoch muss bei der Markenbewertung der Begriff „Marke" im rechtlichen Sinne verstanden werden. Die Verwendung der Bezeichnung „Mar-

---

[56]   vgl. *Harte-Bavendamm*, Handbuch der Markenpiraterie in Europa, S. 1

[57]   vgl. *Markenverband, McKinsey&Company*, Die Bedeutung von Marke und Markenartikelindustrie, Eine volkswirtschaftliche Perspektive, S. 1

[58]   vgl. *Markenverband, McKinsey&Company*, Die Bedeutung von Marke und Markenartikelindustrie, Eine volkswirtschaftliche Perspektive, S. 6 ff.

[59]   vgl. *Repenn / Weidenhiller*, Markenbewertung und Markenverwertung; Kauf und Verkauf, Pfändung und Sicherungsübereignung von Marken, Markenlizenz, Bilanzierung von Markenwerten, Markenwert-Tabellen, 2. Auflage, S. 1

ke" im Marketingkonzept dient nur der Kennzeichnung der Produkte oder Dienstleistungen, ist also lediglich der Produktname. Der Marketingbegriff ist also kein selbstständiges Vermögensrecht und kann daher auch nicht für eine Markenbewertung dienen.[60]

Die Bewertung von Marken gewinnt z.B. an Bedeutung, wenn der Nachlass von Einzelkaufleuten, welche Markeninhaber sind, erbschaftssteuerlich bewertet werden soll oder, wenn Unternehmen erworben werden sollen. Meistens übersteigt der Wert der gewerblichen Schutzrechte, und damit vor allem der Marken, den Wert des Anlagevermögens. Man kann sogar behaupten, dass immaterielle Wirtschaftsgüter heutzutage oft das einzige Vermögensgut darstellen, da Gebäude, Maschinen und sonstige Einrichtungen, mit denen die Erträge erzielt werden, nur gemietet oder geleast sind, und somit gar nicht zum Unternehmensvermögen zählen.[61]

2.4.1. Mittelständische Unternehmen

Vor allem für mittelständische Unternehmen ist es wichtig auf den Markenschutz zu achten, da ihre Produkteinführungen ansonsten von den großen Konzernen kopiert werden können. Damit erlangen diese den Gewinn, die mittelständischen Unternehmen haben aber die Verluste, obwohl sie eigentlich das neue Produkt erfunden haben. Die großen Konzerne schöpfen also den Rahm ab, den die kleinen Unternehmen produziert haben. [62]

Es ist allerdings anzunehmen, dass die kleineren Unternehmen den juristischen Rat meistens nicht einholen, da es für sie wesentlich schwieriger ist das Geld für diese Ausgabe aufzuwenden, als für große und internationale Unternehmen, die womöglich auch noch ihre eigenen Rechtsabteilungen haben. Dabei ist es meistens sinnvoll schon vor der Markteinführung in eine anwaltliche Tätigkeit zu investieren, da so vorher geprüft werden kann,

---

[60] vgl. *Repenn / Weidenhiller*, Markenbewertung und Markenverwertung; Kauf und Verkauf, Pfändung und Sicherungsübereignung von Marken, Markenlizenz, Bilanzierung von Markenwerten, Markenwert-Tabellen, 2. Auflage, S. 3

[61] vgl. *Repenn / Weidenhiller*, Markenbewertung und Markenverwertung; Kauf und Verkauf, Pfändung und Sicherungsübereignung von Marken, Markenlizenz, Bilanzierung von Markenwerten, Markenwert-Tabellen, 2. Auflage, S. 30 ff.

[62] vgl. *Schröter, Rolf,* Der Jurist als Designer in Werben & Verkaufen, Nr. 31, 3. August 2006

ob die zur Eintragung vorgesehene Bezeichnung überhaupt dem Markenschutz für bestimmte Waren und Dienstleistungen zugänglich ist und in welches Markenregister die Marke eingetragen werden soll.[63]

Viele erkennen aber auch gar nicht erst die Notwendigkeit ihr Produkt zu schützen, oder haben nicht das Wissen, was überhaupt an ihrem Produkt geschützt werden kann. Gewerblicher Rechtschutz sollte nicht nur als Abwehrinstrument dienen, sondern frühzeitig strategisch eingesetzt werden. Die mittelständischen Unternehmen sollten also nicht nur darauf achten, dass z.B. nur die Form ihres Produktes schützenswert ist, sie sollten ihr Produkt so bewerben, dass es die sogenannte Verkehrsübung erlangt.[64] Denn wenn die mittelständischen Unternehmen erst einmal von Marken- oder Produktpiraterie betroffen sind, können die Verluste nicht mehr aufgeholt werden. Ein deutscher Mittelständler, der vor einigen Jahren durch Plagiate einen Schaden von 15 Millionen Euro erleiden musste, bekam zwar von den chinesischen Gerichten Recht, erhielt aber nur einen Schadensersatz von 5.000 Euro. Diese Summe deckt kaum die Gerichtskosten.[65]

Des Weiteren ist problematisch, dass vor allem mittelständische Unternehmen glauben, dass sie von Marken- oder Produktpiraterie nicht betroffen sein können, da nur die großen internationalen Marken nachgeahmt werden.[66]

Als Markenhersteller muss man auch jedes Mal versuchen mit der Zeit zu gehen, also „trendy" zu sein. Das bedeutet, dass man das richtige Produkt zum richtigen Zeitpunkt auf dem Markt präsentieren muss. Nur so kann man sich heutzutage auf dem Markt behaupten. Doch gerade das ist für

[63] vgl. *Renner, Cornelius,* Die wunderbare Welt der Marken; Über den Alltag in Wort, Bild, Ton und Farbe eines Markenrechtsanwalts in justament, Die Referendarszeitschrift, vier 2006

[64] vgl. *Mittelstaedt, Axel,* (Rechtsanwalt), Fünf Tipps für Mittelständler in Werben & Verkaufen, Nr. 31, 3. August 2006

[65] vgl. *Alich / Hoffbauer,* Wider die optische Täuschung, Handelsblatt, 16. August 2006; (Gerichtsentscheidung nicht auffindbar)

[66] vgl. *Orgalime-Leitfaden,* Wirksame Bekämpfung von Marken- und Produktpiraterie, Ein praktischer Leitfaden für die europäische Investitionsgüterindustrie, Oktober 2001, S. 12

mittelständische Unternehmen schwer, da dies viel Energie und vor allem viel Geld kostet. Und ob dieses Unterfangen von Erfolg gekrönt ist, stellt sich erst nachher raus.[67]

Daher könnte Franchising eine gute Alternative darstellen. Denn auch hier spielt die Marke eine wichtige Rolle. Allerdings gibt ein großes Unternehmen eine bereits eingeführte Marke samt Know-how und allem was dazu gehört an eine dritte Person weiter.[68] Der selbstständige Kleinunternehmer muss also nicht die hohen Kosten für die Markeneinführung und den Markenschutz tragen, da alles vom Franchisegeber übernommen wird.

2.4.2. Internationale Unternehmen

Seit Mitte des 20. Jahrhunderts ist eine verstärkte internationale Arbeitsteilung zu beobachten, welche die Unternehmen dazu veranlasst, ihre Aktivitäten länderübergreifend zu planen. Dadurch hat sich der Ausdruck „Global Brands" (Weltmarken) als eine bestimmte Markenstrategie international tätiger Unternehmen entwickelt. Unter Global Brands versteht man Produkte, die weltweit einheitlich hinsichtlich Qualität, Markierung und Aufmachung sind.[69] Vorteil dieser globalen Markenstrategie ist der erhebliche Kostenvorteil, da im Produktions- und Kommunikationsbereich häufig Kostenpotenziale ausgeschöpft werden können, wenn z.B. die Werbemittel weltweit standardisiert werden.[70]

Ein Produkt kann jedoch nur zum Erfolg werden, wenn die Marke international verstanden wird. Denn nicht unbedingt das Design, das Produkt selber oder der Preis ist ausschlaggebend, sondern der Name des Produkts. Das bedeutet, dass als erstes ein Markenname gefunden werden muss, der auf der ganzen Welt leicht auszusprechen und zu merken ist. Vor allem Produkte, die einen beschreibenden Namen als Markennamen besitzen,

---

[67]   vgl. www.zoll.de/b0_zoll_und_steuern/d0_verbote_und_beschraenkungen /f0_gew_rechtsschutz/a0_markenpiraterie/index.html, 03.05.2007

[68]   vgl. *Sonntag*, Rheinische Post, Artikel vom 9. September 2006, „Erfolgslizenzen"

[69]   vgl. *Köhler, Majer, Wiezorek*, Erfolgsfaktor Marke, Neue Strategien des Markenmanagements, S. 190 f.

[70]   vgl. *Meffert/Burmann/Koers*, Markenmanagement, Identitätorientierte Markenführung und praktische Umsetzung, S. 195 f.

müssen darauf achten, dass dieser Name in so vielen Ländern wie möglich verstanden wird.[71] So hat z.B. Unilever darauf geachtet, dass zu seinen A-Marken (Knorr, Bertolli und Lipton) keine negativen Assoziationen zum Markennamen existierten, und auch keine sprachlichen Schwierigkeiten bestanden.[72] Als Regel für internationale Unternehmen lässt sich sagen, dass sie nur Marken eintragen lassen sollten, die auch möglichst phantasievoll und weltweit, vor allem auch aus linguistischen Gründen, einsetzbar sind. Wenn eine Marke nicht in allen Ländern einsetzbar ist und auch nicht in allen Ländern verkauft werden soll, sollte aus Kostengründen eine Anmeldung nur in den wirklich interessierenden Ländern erfolgen.[73]

Jedoch lassen sich natürlich häufig gewisse landesspezifische Anpassungen von Markenname und Markenzeichen nicht vermeiden. Diese kulturbedingten Anpassungsmöglichkeiten sollten jedoch nur so gering wie möglich sein, damit die Wiedererkennbarkeit der Marke gewährleistet ist.[74]

Selbst eine weltweit bekannte Marke wie Coca-Cola, die den weltweit höchsten immateriellen Markenwert besitzt, kann auf diese regionalen Anpassungen nicht verzichten:

---

[71] vgl. *Gotta* u.a., Brand News, Wie Namen zu Markennamen werden, S. 17 ff.
[72] vgl. *Meffert/Burmann/Koers*, Markenmanagement, Identitätsorientierte Markenführung und praktische Umsetzung, S. 195 f.
[73] vgl. Die Marke, Markenschutz bei Henkel, S. 11
[74] vgl. *Köhler, Majer, Wiezorek*, Erfolgsfaktor Marke, Neue Strategien des Markenmanagements, S. 197

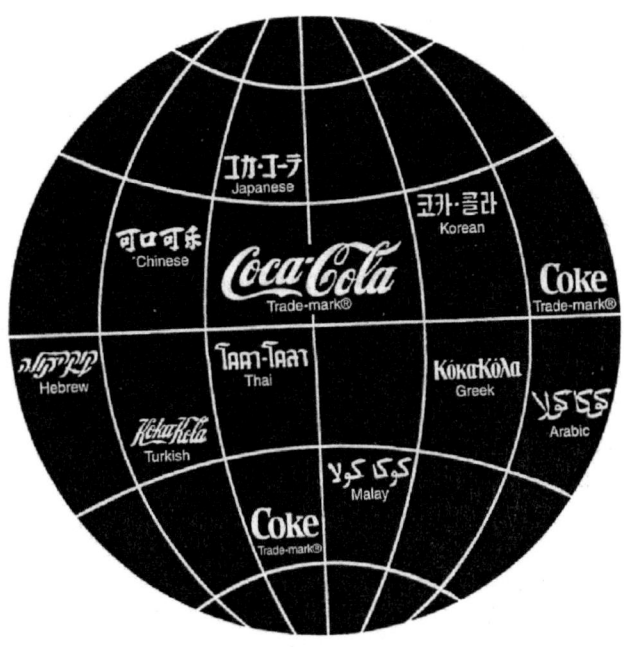

Abb. 1 Coca-Cola-Schriftzug[75]

Die Coca-Cola Company musste auch bei ihrer Marke „Fanta" auf Grund von lebensmittelrechtlichen Spezifika in Deutschland, Spanien und Italien Unterschiede im geschmacklichen und farblichen Erscheinungsbild in Kauf nehmen.[76]

Da immer noch Unterschiede in der Bedarfsstruktur der Nachfrager bestehen, sollte die globale Markenstrategie daher nur in eher standardisierbaren Dienstleistungen (McDonald's), High-Tech-Produkten (IBM, Sony), Prestigeartikeln (Chanel, Bogner) oder wenig kulturgebundenen Gütern (Coca-Cola, Levi's) stattfinden.[77]

Heutzutage besteht das Ziel also nicht darin, auf nationale Wünsche und Bedürfnisse einzugehen, sondern durch eine standardisierte Massenproduktion Kostenvorteile zu erlangen und eine globale Qualitätsführerschaft zu erzielen. Durch die Massenproduktion lassen sich hohe Deckungsbei-

---

[75] vgl. *Köhler, Majer, Wiezorek*, Erfolgsfaktor Marke, Neue Strategien des Markenmanagements, S. 197

[76] vgl. *Meffert/Burmann/Koers*, Markenmanagement, Identitätsorientierte Markenführung und praktische Umsetzung, S. 195 f.

[77] vgl. *Meffert/Burmann/Koers*, Markenmanagement, Identitätsorientierte Markenführung und praktische Umsetzung, S. 195 f.

träge erwirtschaften, die wiederum in die Qualitätssicherung investiert werden können.[78]

Eine standardisierte Massenproduktion beinhaltet allerdings die Gefahr, dass gewisse kulturelle Unterschiede nicht beachtet werden.

So hat sich die Firma Henkel den Anforderungen an den osteuropäischen Markt gestellt. Der Anteil der Handwäsche liegt in Deutschland z.B. nur bei 15%, in Russland allerdings bei 80%. Henkel hat deshalb High-Tech für die Handwäsche entwickeln müssen. Auch mussten die Henkelprodukte nun bei bis zu minus 15 Grad zu gebrauchen sein, da in Russland oder der Ukraine das halbe Jahr lang Frost herrscht und rund die Hälfte aller Produkte auf Märkten, unter freiem Himmel, verkauft werden. Hier ist auch zu bedenken, dass die Werbung für die Marke Henkel in Osteuropa anders gestaltet sein muss als in Deutschland, wo die Marke schon seit 99 Jahren als Qualitätsmarke Geschichte schreibt. In Russland z.B. existiert diese Marke erst seit fünf Jahren.[79]

Die oben beschriebene Markenstrategie von Henkel bezeichnet man als „multinationale Markenstrategie". Dies bedeutet, dass ein Unternehmen in jedem neuen nationalen Absatzgebiet ein individuelles Markenkonzept verfolgt. Das Markenkonzept aus dem Heimatmarkt wird also an die länderspezifischen Bedürfnisse der Nachfrager und die Berücksichtigung nationaler Spezifika in den Kommunikations-, Preis- und Distributionsgegebenheiten angepasst. Dies kann auch zu einer kompletten Neuentwicklung der Marke führen.[80]

3.   RECHTLICHER MARKENSCHUTZ

Je nachdem, wo eine Marke Schutz genießen soll, wird diese entweder in das Markenregister beim Deutschen Patent- und Markenamt, in das Ge-

---

[78]   vgl. *Köhler, Majer, Wiezorek*, Erfolgsfaktor Marke, Neue Strategien des Markenmanagements, S. 192 ff.

[79]   vgl. *Urbaczka, Annett*, Rheinische Post, Artikel vom 12. August 2006, „Henkel: Im Osten viel Neues"

[80]   vgl. *Meffert/Burmann/Koers*, Markenmanagement, Identitätsorientierte Markenführung und praktische Umsetzung, S. 195 f.

meinschaftsregister beim Harmonisierungsamt für den Binnenmarkt in Alicante, oder in das weltweite internationale Markenregister der World Intellectual Property Organization (WIPO) eingetragen.[81]

3.1. Markenschutz in Deutschland

Der Markenschutz in Deutschland wird durch das MarkenG geregelt. Anders als z.B. im europäischen Recht, erfasst das MarkenG auch die Rechte, die aus der bloßen Benutzung einer Marke oder ihrer notorischen Bekanntheit entstehen können.[82]

3.1.1. Historische Entwicklung

Deutschland ist eine der federführenden Nationen bei der Ausarbeitung und Weiterentwicklung des Markenschutzes und verfügt über eine lange Tradition im Bereich des Markenschutzes.[83] Als rechtliche Grundlage für das deutsche Markenrecht dient das neue MarkenG, das in Deutschland seit dem 1. Januar 1995 gilt. Es löste das aus dem Jahre 1894 stammende Warenzeichengesetz ab.[84] Aus dem Begriff „Warenzeichen" wurde somit der Begriff „Marke", mit dem ein einheitliches Kennzeichnungsrecht in Deutschland eingeführt wurde.[85]

Das MarkenG unterscheidet sich sehr deutlich vom alten deutschen Warenzeichengesetz, da früher z.B. nur zweidimensionale flächige Darstellungen als Wörter, aus einem Bild, oder aus Wort- und Bildelementen geschützt werden konnten. Gem. § 4 Ziffer 2 Abs. 1 Warenzeichengesetz waren Zeichen von der Eintragung ausgeschlossen,

„...die keine Unterscheidungskraft haben oder ausschließlich aus Zahlen, Buchstaben oder solchen Wörtern bestehen, die Angaben über Art, Zeit

---

[81] vgl. *Renner, Cornelius* Die wunderbare Welt der Marken; Über den Alltag in Wort, Bild, Ton und Farbe eines Markenrechtsanwalts in justament, Die Referendarszeitschrift, vier 2006

[82] vgl. *Marx, Claudius,* Deutsches und europäisches Markenrecht, Handbuch für die Praxis, S. 14

[83] vgl. *Maske, Barbara*, Markenpiraterie und Strafrecht in Deutschland, der Republik Polen und der Russischen Föderation, S. 43

[84] vgl. *Thiel, Stefan, Bock, Tobias*, Einführung in das Markenrecht – Teil 2 Entstehung von Markenschutz, www.brennecke-partner.de, 03.05.2007

[85] vgl. *Berlit*, Das neue Markenrecht, 4. Auflage, S. 9 f.

und Ort der Herstellung, über die Beschaffenheit, über die Bestimmung, über Preis-, Mengen- oder Gewichtsverhältnisse der Waren enthalten".

Des Weiteren kann nun jede natürliche Person eine Marke registrieren lassen. Damals war eine Registrierung und Übertragung nur mit Geschäftsbetrieb möglich.[86]

Insgesamt vereint das heutige MarkenG alle Kennzeichnungsrechte. Früher befanden sich z.B. Bestimmungen über den Schutz der Firma eines Kaufmanns im Gesetz gegen den unlauteren Wettbewerb.[87] Auch die geographischen Herkunftsangaben, die zuvor in den §§ 3, 5 UWG und § 26 WZG geschützt waren, befinden sich nun im MarkenG. Des Weiteren nimmt das MarkenG sowohl die Gemeinschaftsmarken als auch die international registrierten Marken in seinen Schutzbereich auf (§§ 125a ff., 107 ff MarkenG).

3.1.2. Markengesetz

Da das deutsche MarkenG ähnlich dem deutschen Patentgesetz strukturiert wurde, wurde es in neun Teile untergliedert.[88] Durch ihm stehen dem Markeninhaber Benutzungsrechte an seiner Marke zu. Diese Benutzungsrechte gehören zum subjektiven Privatrecht.[89] Das bedeutet, dass dem Inhaber ein ausschließliches Recht zusteht.

Unter dem Oberbegriff „Kennzeichen" ist der Schutz der

- Marken,

- geschäftlichen Bezeichnungen und der

- geographischen Herkunftsangaben

geregelt.[90]

---

[86] vgl. Die Marke, Markenschutz bei Henkel, S. 5
[87] vgl. *Berlit*, Das neue Markenrecht, 4. Auflage, S. 9 f.
[88] vgl. *Niehues, Henrik,* Deutsche Marke, Gemeinschaftsmarke und internationale Registrierung, S. 44
[89] vgl. *Phalow, Louis,* MarkenR 03/2006, Das Recht an der Marke als Benutzungsrecht des Markeninhabers
[90] vgl. *Berlit*, Das neue Markenrecht, 4. Auflage, S. 9 f.

Unter einer geschäftlichen Bezeichnung (§ 5 MarkenG) versteht man ein Unternehmenskennzeichen oder einen Werktitel.

Unternehmenskennzeichenzeichen sind Zeichen, die im geschäftlichen Verkehr als Name, Firma oder als besondere Bezeichnung eines Geschäftsbetriebes oder eines Unternehmens benutzt werden (vgl. §5 Abs. 2 MarkenG). Unternehmenskennzeichen unterliegen anderen rechtlichen Regeln als die Marken; Name, Firma, Geschäftsbezeichnung usw. können aber auch als Marken eingesetzt werden und dadurch zusätzlichen Markenschutz genießen. Die Grenzen sind oft fließend.[91]

Unter Werktitel versteht man Namen oder besondere Bezeichnungen von Druckschriften, Filmwerken, Tonwerken oder Bühnenwerken (vgl. § 5 Abs. 3 MarkenG). Der Werktitelschutz entsteht bei unterscheidungskräftigen Titeln mit der Aufnahme und Benutzung des Werktitels, d.h. mit dem Erscheinen des Werkes.[92]

Die geographische Herkunftsangabe dient gem. § 126 MarkenG der Kennzeichnung aus welcher Region die Waren kommen. Dies können sein: Namen von Orten, Gegenden, Gebieten oder Ländern, die im geschäftlichen Verkehr die geographische Herkunft von Waren oder Dienstleistungen kennzeichnen.[93]

Eine genaue Übersicht über alle Kennzeichen gem. § 1 MarkenG gibt die folgende Abbildung:

---

[91] vgl. *Giefers/May*, Markenschutz, Waren- und Dienstleistungsmarken in der Unternehmens- und Rechtspraxis, 5. Auflage, 2003, S. 30
[92] vgl. *Berlit*, Das neue Markenrecht, 4. Auflage, S. 31 f.
[93] vgl. *Berlit*, Das neue Markenrecht, 4. Auflage, S. 12 f.

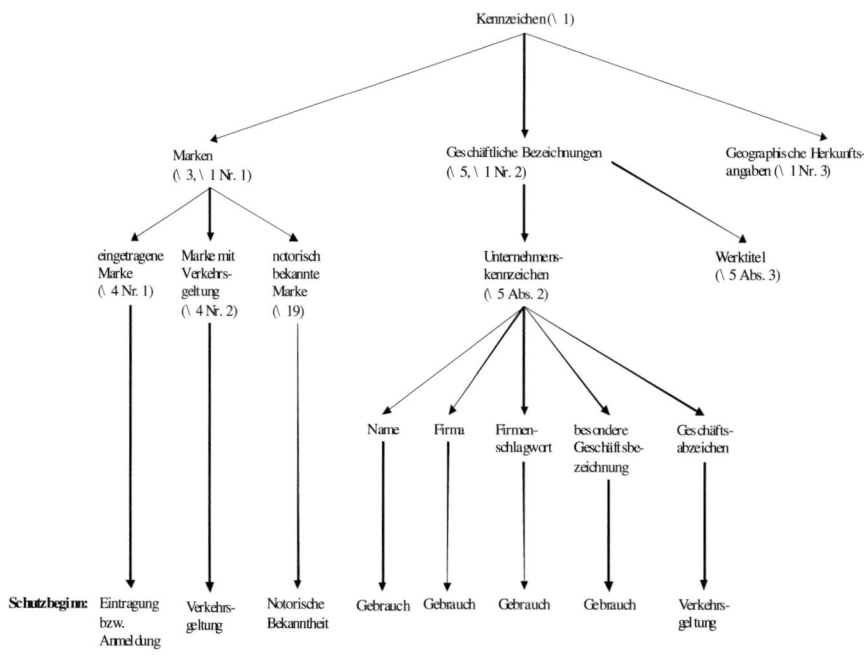

Abb. 2: Übersicht Kennzeichen[94] (große Abbildung siehe **Anhang 1**)

3.1.3. Erlangung des Markenschutzes

Für die Erlangung des Markenschutzes gibt es verschiedene Möglichkeiten.

Der Markenschutz richtet sich generell nach dem Schutzgegenstand. So entsteht der Markenrechtsschutz gem. § 4 MarkenG durch Eintragung einer Marke in das Markenregister, und nicht schon durch die Anmeldung.

In Deutschland und einigen anderen Ländern entsteht der Markenschutz jedoch auch durch Erwerb von Verkehrsgeltung infolge von intensiver Benutzung der Marke im Geschäftsverkehr.[95] D.h. dass der Rechtsschutz für diese Kennzeichen (Unternehmenskennzeichen, Werktitel, geographi-

---

94   vgl. *Giefers/May*, Markenschutz, Waren- und Dienstleistungsmarken in der Unternehmens- und Rechtspraxis, 5. Auflage, 2003, S. 31

95   vgl. *Giefers/May*, Markenschutz, Waren- und Dienstleistungsmarken in der Unternehmens- und Rechtspraxis, 5. Auflage, 2003, S. 35

sche Herkunftsangaben, etc.) auf Grund ihrer Benutzung und Bekanntheit im geschäftlichen Verkehr erworben wird.

Gem. § 4 MarkenG sind folgende Voraussetzungen notwendig, damit der Markenrechtsschutz entsteht:

- Ein Zeichen muss als Marke in das vom Patent- und Markenamt geführte Register eingetragen werden;

- das Zeichen wird im geschäftlichen Verkehr benutzt und erhält dadurch innerhalb beteiligter Verkehrskreise als Marke Verkehrsgeltung;

- das Zeichen erhält durch die Benutzung als Marke eine notorische Bekanntheit im Sinne des Art. 6bis PVÜ.

Damit eine Marke in das vom Patent- und Markenamt geführte Markenregister eingetragen werden kann, dürfen nicht absolute oder relative Schutzhindernisse vorliegen und der Anmelder muss nach § 7 MarkenG berechtigt sein, Inhaber einer Marke zu sein.[96]

Unter absoluten Schutzhindernissen (§ 8 MarkenG) versteht man Einwendungen, die in der Natur der Marke begründet sind.[97] Darunter fallen die fehlende grafische Darstellbarkeit (§ 8 Abs. 1 MarkenG) sowie die fehlende Unterscheidungskraft (§ 8 Abs. 2 Nr. 1 MarkenG), welche vorliegt, wenn dem Zeichen jegliche Unterscheidungskraft fehlt. Es ist gängige Praxis, dass schon eine geringe Unterscheidungskraft ausreichend ist, damit die Marke eingetragen werden kann (BGH, Urt. v. 9.2.1995 – I ZR 21/92, NJW 1995, 1752 (quattro II)). Die mangelnde Unterscheidungskraft kann jedoch durch Verkehrsdurchsetzung überwunden werden.[98] Ein absolutes Schutzhindernis muss vom Patent- und Markenamt berücksichtigt

---

[96] vgl. *Ilzhöfer, Volker*, Patent-, Marken- und Urheberrecht, Leitfaden für Ausbildung und Praxis, 5. Auflage, S. 111

[97] vgl. *Berlit, Wolfgang*, Das neue Markenrecht, Praxis des Gewerblichen Rechtsschutzes und Urheberrechts, 4. Auflage, S. 37

[98] vgl. *Ilzhöfer, Volker*, Patent-, Marken- und Urheberrecht, Leitfaden für Ausbildung und Praxis, 5. Auflage, S. 112 f.

werden, d.h. dass die Marke nur dann eingetragen wird, wenn ihr auch keine absoluten Schutzhindernisse entgegenstehen.[99]

Ein weiteres absolutes Schutzhindernis ist das vorhandene Freihaltebedürfnis, welches in § 8 Abs. 2 Ziffer 2 MarkenG geregelt ist. Freizeichen sind grundsätzlich von der Eintragung in das Markenregister ausgenommen, da sie aus beschreibenden Angaben bestehen, die der Verkehr zur Bezeichnung von Merkmalen und Eigenschaften von Waren oder Dienstleistungen benötigt.[100] Das Freihaltebedürfnis ist von großer Bedeutung, da der Handelsverkehr somit vor Behinderungen geschützt werden soll, die in der Verwendung allgemein beschreibender Angaben durch den Markeninhaber begründet sind. Würde eine beschreibende Angabe durch ein Unternehmen monopolisiert werden, könnte der Markeninhaber damit den allgemeinen Wirtschaftsverkehr wesentlich beeinträchtigen.[101]

Im Übrigen können auch schon registrierte Marken ihren Schutz verlieren, wenn sie wie eine Gattungsbezeichnung benutzt werden, und damit zu einem Freizeichen werden. Ein gutes Beispiel hierfür ist die „Vaseline", welche in den USA eine geschützte Marke der Cheeseborough Company ist, und in Deutschland zu einem Freizeichen für Mineralfette geworden ist, nachdem sie durch die vielfache Verwendung in den allgemeinen Sprachgebrauch eingegangen ist.[102]

Ein weiteres absolutes Schutzhindernis besteht darin, dass die Marke geeignet ist, das Publikum hinsichtlich Beschaffenheit, Art, Zusammensetzung und Wirkung und geografische Herkunft zu täuschen. Dieses Schutzhindernis wird in § 8 Abs. 2 Nr. 4 MarkenG geregelt.

---

[99] vgl. *Nordemann, Wilhelm*, Wettbewerbs- und Markenrecht, 9. Auflage, S. 345
[100] vgl. vgl. *Ilzhöfer, Volker*, Patent-, Marken- und Urheberrecht, Leitfaden für Ausbildung und Praxis, 5. Auflage, S. 115
[101] vgl. *Berlit, Wolfgang*, Das neue Markenrecht, Praxis des Gewerblichen Rechtsschutzes und Urheberrechts, 4. Auflage, S. 46 f.
[102] vgl. Die Marke, Markenschutz bei Henkel, S. 23

Für die Beurteilung der Geeignetheit zur Täuschung ist die Auffassung des Durchschnittskäufers maßgebend.[103]

Den absoluten Schutzhindernissen stehen die relativen Schutzhindernisse gegenüber. Gem. § 9 MarkenG gehören zu den relativen Schutzhindernissen Folgende: Die Marke hat Identität mit einer angemeldeten und eingetragenen Marke mit älterem Zeitrang. Hier müssen aber nicht nur die Zeichen identisch sein, sondern auch die Waren oder Dienstleistungen. Gem. §§ 51 Abs. 1, 9 MarkenG kann der Inhaber der älteren Marke die Löschung der Eintragung betreiben. Dies bedeutet, dass die Schutzhindernisse nicht von Amts wegen berücksichtigt werden, sondern nur, falls der Inhaber der sog. prioritätsälteren Kennzeichen sich darauf beruft. Ein relatives Schutzhindernis kann also dadurch überwunden werden, indem der Dritte entweder der Eintragung zustimmt, den Widerspruch zurücknimmt oder seine Recht erst gar nicht geltend macht.[104]

Des Weiteren darf keine Verwechslungsgefahr der Marke mit einer angemeldeten oder eingetragenen Marke mit älterem Zeitrang bestehen. Die Verwechslungsgefahr ist einer der wichtigsten Tatbestände einer Kennzeichenverletzung. Einmal stellt sie einen Löschungstatbestand gem. § 9 Abs. 1 Nr. 2 MarkenG dar, und dann auch einen Verletzungstatbestand gem. §§ 14 Abs. 2 Nr. 2 und 15 Abs. 2 MarkenG. Verwechslungsgefahr bedeutet, dass der Zeicheninhaber durch Verwechslung mit gleichen oder ähnlichen Zeichen beeinträchtigt wird. Für die Beurteilung der Geeignetheit zur Verwechslungsgefahr ist die Auffassung eines durchschnittlich informierten, aufmerksamen Verbraucher maßgebend.[105]

Es existieren mehrere Arten der Verwechslungsgefahr. Zum einen spricht man von der Herkunftsverwechselbarkeit, bei der der Verkehr irrtümlich die gekennzeichneten Waren einem anderen Unternehmen zuschreibt und zum anderen von der Betriebsverwechselbarkeit, bei der der Verkehr das

---

[103] vgl. *Ilzhöfer, Volker*, Patent-, Marken- und Urheberrecht, Leitfaden für Ausbildung und Praxis, 5. Auflage, S. 117

[104] vgl. *Nordemann, Wilhelm*, Wettbewerbs- und Markenrecht, 9. Auflage, S. 333

[105] vgl. *Nordemann, Wilhelm*, Wettbewerbs- und Markenrecht, 9. Auflage, S. 334

gekennzeichnete Unternehmen irrtümlich für ein anderes hält. Es gibt aber auch noch eine mittelbare Verwechslungsgefahr, bei der der Verkehr nicht die Zeichen direkt verwechselt, sondern sie wegen ihrer Ähnlichkeit für mehrere Zeichen desselben Unternehmens hält.[106]

Auch darf keine Verwässerungsgefahr gegeben sein. Bei der Verwässerung handelt es sich um die kennzeichenmäßige Benutzung eines Dritten. Auf eine Verwechslungsgefahr kommt es hier nicht an. Wichtig ist, dass die geschützte Bezeichnung in ihrem Bekanntheitsgrad beeinträchtigt wird, indem sie von einem Dritten kennzeichnend verwendet wird.[107]

3.1.4. Schutzbereiche des Markenschutzes

Gem. § 14 MarkenG gewährt der Erwerb des Markenschutzes dem Inhaber der Marke ein ausschließliches Recht.

Gebraucht ein Dritter widerrechtlich ein identisches Zeichen (Identitätsschutz) oder ein ähnliches Zeichen (Ähnlichkeitsschutz) als Marke für identische oder ähnliche Waren / Dienstleistungen oder als Unternehmenskennzeichen in Branchennähe im Geltungsbereich des MarkenG verletzt er das Markenrecht (§ 14 Abs. 2 Nr. 1 und 2 MarkenG).

Im Bereich des Markenschutzes muss zwischen Marken, bekannten Marken (Marken, die einen höheren Bekanntheitsgrad erreicht haben) und berühmten Marken (Marken, die mit hochgradiger Verkehrsgeltung auf dem Markt alleine stehen) unterschieden werden, da die Grenzen des Schutzbereiches umso weiter gezogen sind, je bekannter die Marke ist.[108]

a) Marken

Grundsätzlich ist eine Marke nur gegen Verwechslungsgefahr geschützt. Verwechslungsgefahr kann entstehen, wenn jemand widerrechtlich eine identische oder ähnliche Marke für identische oder ähn-

---

[106]   vgl. *Nordemann, Wilhelm*, Wettbewerbs- und Markenrecht, 9. Auflage, S. 335
[107]   vgl. *Ilzhöfer, Volker*, Patent-, Marken- und Urheberrecht, Leitfaden für Ausbildung und Praxis, 5. Auflage, S. 155
[108]   vgl. *Giefers/May*, Markenschutz, Waren- und Dienstleistungsmarken in der Unternehmens- und Rechtspraxis, 5. Auflage, 2003, S. 236

liche Waren / Dienstleistungen einsetzt, oder wenn ein Anderer die Marke als verwechselbares Unternehmenskennzeichen benutzt.

Wenn ein Anderer z.B. die Ware oder deren Aufmachung oder Verpackung mit einer identischen oder ähnlichen Marke versieht (§ 14 Abs. 3 Nr. 1 MarkenG), ist diese Tat als eine Verletzungshandlung anzusehen. Nach früherem Recht konnten auch beschreibende Angaben, die im Geschäftsverkehr als Marke aufgefasst werden, ein Markenrecht im Ähnlichkeitsbereich verletzen. Nach altem Recht hätte die Rechtssprechung z.B. im folgenden Fall eine Markenverletzung angenommen:

Beschreibende Angabe: Luxus

Marke: Luxur[109]

Sieht der Verbraucher den Markennamen „Luxur", assoziiert er sofort Luxus mit diesem Produkt. Dies kann den Verbraucher in die Irre führen, da er annimmt, dass das Produkt mit diesem Namen auch direkt ein Luxusartikel ist.

Auch darf jemand, der Ersatzteile für ein Markenprodukt anbietet, die Marke nur insoweit benutzen, als es notwendig ist, um darauf hinzuweisen, für welche Produkte das Zubehör- oder Ersatzteil bestimmt ist (§ 23 Nr. 3 MarkenG). Würde er auf die fremde Marke so Bezug nehmen, dass der Anschein erweckt wird, das Zubehör- oder Ersatzteil stamme vom Hersteller des unter der Marke vertriebenen Originalprodukts, wäre dies eine Verletzung des Markenrechts.

Weitere Fälle von Verwechslungsgefahr bestehen z.B. wenn ein Anderer seiner Ware oder deren Verpackung eine Form gibt, die mit der geschützten dreidimensionalen Marke identisch oder ähnlich ist. Des Weiteren darf ein Anderer nicht unter einer identischen oder verwechselbar ähnlichen Marke Dienstleistungen anbieten, indem er die Gerä-

---

[109] BGH, Urt. v. 10.5.1955 – I ZR 91/53, GRUR 1955, 484

te, mit denen sie erbracht werden, oder die Kleidung seines Personals mit der Marke versieht (§ 14 Abs. 3 Nr. 3 MarkenG). Auch darf ein Fertigprodukt nicht mit der Marke des in ihm verarbeiteten Rohmaterials ohne Zustimmung des Markeninhabers als „begleitende Marke" versehen werden.

Gem. § 14 Abs. 4 MarkenG ist es nicht erlaubt Kennzeichnungsmittel wie Etiketten, Anhänger, Aufnäher oder Verpackungen herzustellen oder damit zu handeln, sie ein- oder auszuführen, und die Gefahr besteht, dass diese Gegenstände benutzt werden, um Waren oder Dienstleistungen, für die die Benutzung des Zeichens untersagt ist, rechtswidrig zu kennzeichnen.

Der Markeninhaber besitzt folgende Ansprüche:

- Unterlassungsanspruch

  Jeder, der das Markenrecht verletzt, kann durch den Markeninhaber auf Unterlassung in Anspruch genommen werden, wenn die Gefahr besteht, dass die Verletzung wiederholt wird (vgl. § 14 Abs. 5 MarkenG). Eine Gefahr zur Verletzungswiederholung wird erst vermutet, wenn eine Verletzung bereits begangen wurde. Laut Rechtsprechung ist die Wiederholungsgefahr erst gebannt, wenn der Verletzer in einer ausdrücklichen schriftlichen Erklärung eine eindeutig und durch ein Vertragsstrafeversprechen abgesicherte Unterlassungsverpflichtung übernommen hat.[110] Da der Unterlassungsanspruch schon begründet sein kann, wenn eine Markenverletzung lediglich droht, kann bereits die Anmeldung einer verwechselbaren Marke für identische oder ähnliche Waren Anlass sein, einen vorbeugenden Unterlassungsanspruch geltend zu machen.[111]

- Schadenersatzanspruch

---

[110] BGH, Urt. v. 18.2.1972 – I ZR 82/70, GRUR 1972, 558.
[111] OLG Köln, Urt. v. 16.4.1993 – 6 U 181/92, GRUR 1993, 668.

Der Markeninhaber kann nur Schadensersatz verlangen, wenn der Verletzer schuldhaft, also vorsätzlich oder fahrlässig gehandelt hat (vgl. § 14 Abs. 6 MarkenG). Wer sich überhaupt nicht erkundigt, handelt immer fahrlässig.[112]

- Auskunftsanspruch

  Jeder, der das Markenrecht verletzt, hat dem Markeninhaber unverzüglich Auskunft über Herkunft und Vertriebsweg der Waren zu erteilen, und hat Namen und Anschriften von Herstellern, Lieferanten und anderen Vorbesitzern, von Abnehmern und Auftraggebern zu nennen sowie Angaben über die Menge der hergestellten, ausgelieferten, erhaltenen oder bestellten Ware zu machen (vgl. § 19 MarkenG).

  Allerdings ist darauf hinzuweisen, dass sich der Anspruch nur gegen denjenigen richtet, der im geschäftlichen Verkehr tätig ist.

  Privatpersonen, die z.B. nur gefälschte Ware in Besitz haben, sind nicht verpflichtet ihre Einkaufsquelle anzugeben.[113]

- Vernichtungsanspruch

  Der Markeninhaber besitzt einen Vernichtungsanspruch, damit seine gefälschten Waren nicht wiederholt in den Verkehr gebracht werden können. Dies kann unabhängig davon verlangt werden, ob die Markenkennzeichnung leicht entfernt werden kann oder nicht. Es sind alle widerrechtlich gekennzeichneten Gegenstände, also auch Verpackungsmaterial, Etiketten, Maschinen, Formen, Druckvorlagen, Filme, etc. zu vernichten, wenn sie ausschließlich oder nahezu ausschließlich zur Herstellung der gefälschten Ware benutzt werden oder dazu bestimmt sind (vgl. § 18 MarkenG).

---

[112] BGH, Urt. v. 25.4.1961 – I ZR 31/60, GRUR 1961, 35 (538).
[113] vgl. *Giefers/May*, Markenschutz, Waren- und Dienstleistungsmarken in der Unternehmens- und Rechtspraxis, 5. Auflage, 2003, S. 232 f.

Ist die Vernichtung für den Verletzer oder Eigentümer unverhältnismäßig, oder können die Waren oder Produktionsmittel so verändert werden, dass eine Markenrechtsverletzung nicht mehr in Frage kommt, dann ist eine Vernichtung ausgeschlossen.[114]

Das Markenrecht darf allerdings nicht zur Steuerung und Kontrolle des Vertriebs instrumentalisiert werden, da es kein Vertriebsmonopol des Rechtsinhabers begründet. Hier findet der Grundsatz der Erschöpfung Anwendung, welcher sich auf die Frage bezieht, ob der Inhaber einer Marke, der Waren mit dieser Marke versehen und in den Verkehr gebracht hat, auf den weiteren Vertrieb dieser regelmäßig nicht mehr in seinem Eigentum stehenden Waren unter Berufung auf sein Markenrecht Einfluss nehmen kann.[115] Der Grundsatz der Erschöpfung ist in § 24 MarkenG als Schranke kodifiziert. Danach hat der Inhaber einer Marke oder einer geschäftlichen Bezeichnung nicht das Recht, einem Dritten zu untersagen, die Marke oder die geschäftliche Bezeichnung für Waren zu benutzen, die unter dieser Marke oder dieser geschäftlichen Bezeichnung von ihm oder mit seiner Zustimmung im Inland, in einem der übrigen Mitgliedstaaten der Europäischen Union oder in einem anderen Vertragsstaat des Abkommens über den Europäischen Wirtschaftsraum in den Verkehr gebracht worden sind.

Allerdings bleibt das Markenrecht auch nach Eintritt der Erschöpfung als ein subjektives Ausschließlichkeitsrecht bestehen, wenn die gekennzeichnete Ware z.B. später ohne Zustimmung des Zeicheninhabers verändert und trotzdem unter der alten Mar-

---

[114] vgl. *Giefers/May*, Markenschutz, Waren- und Dienstleistungsmarken in der Unternehmens- und Rechtspraxis, 5. Auflage, 2003, S. 233 f.

[115] vgl. *Zerres, Thomas,* Der Erschöpfungsgrundsatz im deutschen und europäischen Markenrecht, MarkenR 04/2006. S. 141 ff.

ke als Originalware verkauft wird. Damit ist das Benutzungsrecht auf den Vertrieb der unveränderten Originalwaren begrenzt.[116]

b) Bekannte Marken

Bei bekannten Marken kommt es primär nicht darauf an, ob Verwechslungsgefahr besteht. Die Rechtsprechung hatte nach früherem Recht dem Inhaber einer besonders bekannten Marke gegen Rufausbeutung Unterlassungs- und Schadenersatzansprüche wegen unlauteren Wettbewerbs zugebilligt, wenn ein anderes Unternehmen in einer fremden Branche das Ansehen und den guten Ruf der Marke und die dahinter stehende unternehmerische Leistung in unlauterer Weise für eigene Zwecke ausbeutete. Der Gesetzgeber hat diesen Schutz in das MarkenG übernommen und dem Inhaber der bekannten Marke das gesamte Arsenal der markenrechtlichen Verteidigungsrechte (mit Ausnahme des Widerspruchs) zur Verfügung gestellt (§ 9 Abs. 1 Nr. 3, § 14 Abs. 2 Nr. 3 MarkenG).

Wann eine Marke die Grenze zur bekannten Marke überschritten hat muss nach den Umständen des Einzelfalls beantwortet werden.[117] Man muss vor allem alle sonstigen relevanten Umstände, wie z.B. den Marktanteil, die Intensität der Benutzung, die geographische Ausdehnung sowie die Dauer und den Umfang der Investitionen berücksichtigen.[118]

c) Berühmte Marken

Unter berühmten Marken versteht man Marken, die

- eine ganz überragende Verkehrsdurchsetzung haben (mindestens 80% Bekanntheitsgrad),

---

[116]   vgl. *Zerres, Thomas,* Der Erschöpfungsgrundsatz im deutschen und europäischen Markenrecht, MarkenR 04/2006. S. 141

[117]   vgl. *Giefers/May*, Markenschutz, Waren- und Dienstleistungsmarken in der Unternehmens- und Rechtspraxis, 5. Auflage, 2003, S. 237 f.

[118]   vgl. EuGH, Urt. v. 14.9.1999 – Rs C-375/97, MarkenR 1999, 388; BGH, Urt. v. 12.7.2001 – I ZR 100/99, MarkenR 2002, 23.

- auf dem Markt alleine stehen, also nicht schon in mehreren Brachen verwendet werden, und

- sich beim Publikum besonderer Wertschöpfung erfreuen.

Berühmte Marken haben wegen ihrer einmaligen Kennzeichnungs- und Werbekraft noch weitergehenden Schutz, auch wenn die meisten Fälle bereits über den Schutz der bekannten Marke nach § 14 Abs. 2 Nr. 3 MarkenG gelöst werden können.[119]

Eine kurze Übersicht über den Zusammenhang zwischen Bekanntheitsgrad und dem Schutz einer Marke gibt die folgende Abbildung:

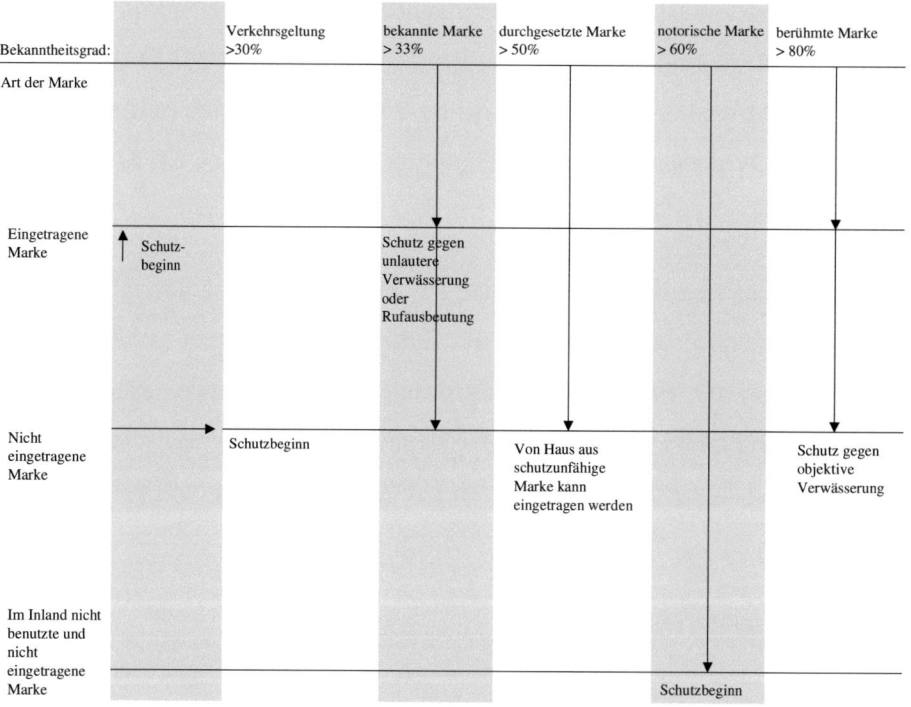

Abb. 3: Zusammenhang zwischen Bekanntheitsgrad und Schutz einer Marke[120]

[119] vgl. *Giefers/May*, Markenschutz, Waren- und Dienstleistungsmarken in der Unternehmens- und Rechtspraxis, 5. Auflage, 2003, S. 238 f.
[120] vgl. *Giefers*, Marken- und Firmenschutz, S. 37

3.2. Markenschutz in Europa

Erst nach dem Ende des Zweiten Weltkrieges und nach der Schaffung der Europäischen Wirtschaftsgemeinschaft („EWG") wurde die Idee eines europäischen Markenrechts diskutiert.

Im europäischen Recht gilt die Markenrichtlinie und die Gemeinschaftsmarkenverordnung. Beide beschränken sich, im Gegensatz zum Deutschen MarkenG, auf die eingetragene Marke.[121]

3.2.1. Markenrichtlinie

Um die Unterschiede zwischen den Markenrechten der einzelnen Mitgliedsstaaten abzubauen, durch die der freie Markenverkehr behindert werden kann, hatte der Ministerrat der Europäischen Gemeinschaften am 21. Dezember 1988 die „Erste Richtlinie zur Angleichung der Rechtsvorschriften der Mitgliedsstaaten über die Marken" („*MarkenRili*") geschaffen, welche alle wesentlichen materiellrechtlichen Fragen zum Recht der eingetragenen Marke regelt.[122] Als Rechtsgrundlage diente vor allem Art. 100a EWGV.[123] Die Rechtsangleichung sollte bis zum 31. Dezember 1992 erfolgen, war jedoch erst mit Inkrafttreten des neuen irischen Markengesetzes am 1. Juli 1996 abgeschlossen.[124]

Mittlerweile haben viele europäischen Mitgliedsstaaten die MarkenRili in geltendes nationales Recht umgesetzt. Das erste Land, das diese Umsetzung vornahm war Spanien.[125] Deutschland konnte auf Grund des unvorhergesehenen Beitritts der DDR zur Bundesrepublik Deutschland die Frist für die Umsetzung in nationales Recht nicht einhalten. Anfang 1994 brachte die Bundesregierung einen Gesetzesentwurf zur Reform des Mar-

---

[121] vgl. *Marx, Claudius,* Deutsches und europäisches Markenrecht, Handbuch für die Praxis, S. 14

[122] vgl. *Schricker/Bastian/Knaack,* Gemeinschaftsmarke und Recht der Mitgliedsstaaten, Auflage 2006, S. 68

[123] vgl. *Weberndörfer, Jörg,* Rechtsvergleich Deutschland – Vereinigtes Königreich: Auswirkungen der Umsetzung der EG-Markenrichtlinie auf den erweiterten Schutz „bekannter" Marken, Band 8, S. 32

[124] vgl. *Schricker/Bastian/Albert,* Die Neuordnung des Markenrechts in Europa, S. 7

[125] vgl. *Bahmann, Markus,* Markenstrategien für den europäischen Binnenmarkt, Wettbewerbsrechtliche Studien, Band 3, S. 90 ff.

kenrechts in den Bundestag ein, am 25.10.1994 wurde das Markenrechts-reformgesetz verkündet und trat am 1.1.1995 in Kraft.[126]

Besaßen die in der MarkenRili enthaltenen Regeln bindenden Charakter, mussten diese von den nationalen Gesetzgebern bei der Umsetzung in national geltendes Recht zwingend beachtet werden. Waren diese Regelungen abweichend oder ungenügend, stellte dies einen Verstoß gegen EG-Recht dar. Oftmals wurden dadurch die in der MarkenRili enthaltenen Vorschriften wortgleich in die nationalen Gesetze aufgenommen. Allerdings bestehen immer noch Unterschiede in den einzelnen nationalen Schutzgesetzen. Dies liegt vor allem an dem Spielraum, den die nationalen Gesetzgeber bei der Umsetzung der fakultativen Vorgaben hatten. So sind diese angehalten, bei der Umsetzung lediglich im Hinblick auf die Ziele der MarkenRili, nicht jedoch bezüglich der Form und der Wahl der Mittel konform zu gehen.[127]

Auch enthält die MarkenRili eine Reihe von unklaren Formulierungen, die von den einzelnen Mitgliedsstaaten unterschiedlich interpretiert werden können. So wurde z.B. die Voraussetzung, dass eine Marke grafisch darstellbar sein muss, um eingetragen werden zu können, in Schweden und Dänemark (im Gegensatz zu allen anderen EU-Ländern) so übernommen, dass Hörmarken diese Voraussetzung nicht erfüllen können.[128]

Gemäß Art. 1 der MarkenRili findet diese auf Individual-, Kollektiv-, Garantie- und Gewährleistungsmarken Anwendung, die in einem Mitgliedsstaat oder beim Benelux-Markenamt eingetragen oder angemeldet oder mit Wirkung für einen Mitgliedstaat international registriert worden sind.

Nach Art. 7 Abs. 1 der MarkenRili besitzt der Markeninhaber nicht das Recht, einem Dritten zu verbieten, die Marke für Waren zu benutzen, die

---

[126] vgl. W*eberndörfer, Jörg*, Rechtsvergleich Deutschland – Vereinigtes Königreich: Auswirkungen der Umsetzung der EG-Markenrichtlinie auf den erweiterten Schutz „bekannter" Marken, Band 8, S. 42 f.

[127] vgl. *Bahmann, Markus*, Markenstrategien für den europäischen Binnenmarkt, Wettbewerbsrechtliche Studien, Band 3, S. 90 ff.

[128] vgl. *Bahmann, Markus*, Markenstrategien für den europäischen Binnenmarkt, Wettbewerbsrechtliche Studien, Band 3, S. 95

unter dieser Marke von ihm oder mit seiner Zustimmung in der Gemeinschaft in den Verkehr gebracht worden sind. Dies ist eine Ausweitung des Erschöpfungsgrundsatzes des deutschen Markengesetzes.

Somit kann der Markeninhaber den Re-Import oder Vertrieb von seiner Markenware nicht verhindern, wenn sie mit seiner Zustimmung im Europäischen Wirtschaftsraum („*EWR*") in den Verkehr gebracht wurde. Die Rechte des Markeninhabers sind somit erschöpft, die Ware kann frei zirkulieren. Anders verhält es sich, wenn die Markenware außerhalb des EWR verkauft wird. Dann muss nicht gesondert darauf hingewiesen werden, dass ein Import in den EWR verboten ist. Es wird jedoch empfohlen, dass der Markeninhaber ein solches Verbot in seine Verträge mit den Vertriebshändlern aufnimmt.[129]

3.2.2. Gemeinschaftsmarkenverordnung

Die ersten Grundzüge des Gemeinschaftsmarkenrechts sind in den 70er und 80er Jahren des vergangenen Jahrhunderts entwickelt worden, da man zu der Erkenntnis gelangte, dass die Marke bei der Errichtung eines Gemeinsamen Marktes von besonderer Bedeutung ist.[130]

Da die Markenrichtlinie von 1988 nicht die Territorialität der nationalen Marken überwinden konnte, hat der Rat der EU am 20. 12. 1993 die Verordnung EG Nr. 40/94 erlassen.[131] Am 15. 3. 1993 trat die Gemeinschaftsmarkenverordnung („*GMVO*") in Kraft. Durch diese wird die Markenrichtlinie überwölbt.[132] Als Sitz des Harmonisierungsamtes für den Binnenmarkt („*HABM*") wurde Alicante/Spanien gewählt. Auf eine Amtssprache konnte man sich nicht einigen. So verständigte man sich auf fünf Sprachen: Deutsch, Englisch, Französisch, Italienisch und Spanisch.[133] Im Jahr 2005 hat das HABM seine Arbeitsweise, die Formblätter und die

---

[129] vgl. Field Fisher Waterhouse, German Newsletter Herbst 2002, S. 1 f.
[130] vgl. *Schricker/Bastian/Knaack*, Gemeinschaftsmarke und Recht der Mitgliedsstaaten, Auflage 2006, S. 68
[131] vgl. *Schricker/Bastian/Knaack*, Gemeinschaftsmarke und Recht der Mitgliedsstaaten, Auflage 2006, S. 68
[132] vgl. *Schricker/Bastian/Albert*, Die Neuordnung des Markenrechts in Europa, S. 8
[133] vgl. *Niehues, Henrik,* Deutsche Marke, Gemeinschaftsmarke und internationale Registrierung, S. 37

Richtlinien dem neuen Rechtszustand angepasst und die elektronische Zugangsmöglichkeit erweitert. Nun sind über die Internetseite des Amts folgende Schritte auf elektronischem Wege möglich: Die Anmeldung („*e-filing*"), die Verlängerung („*e-renewal*") und der Widerspruch („*e-opposition*"). Auch die Arbeitsabläufe wurden rationalisiert und der Kundenservice verbessert.

Mit der GMVO kann das Schutzrecht nun zentral verwaltet werden und mit einer einzigen Anmeldung können alle Mitgliedstaaten der Europäischen Union erfasst werden.[134] Insgesamt hat das gemeinschaftliche Markensystem eine außerordentliche Entwicklung verzeichnet, da die Eintragungen eine hohe Zahl erreicht haben, und die Anmeldungen ständig steigen.[135]

Mit der Gemeinschaftsmarkenverordnung wurde erstmals ein europäisches Schutzrecht eingeführt. Hierbei handelt es sich um ein supranationales Verbietungsrecht, ein absolutes Recht mit europäischem Geltungsgrund und europaweiter Wirksamkeit.[136] Die nationalen Markenrechte bleiben jedoch neben der europäischen Marke bestehen. Die Gemeinschaftsmarke sollte also nicht als Ersatz für die nationalen Schutzrechte dienen. Sie sollte als kostengünstige Alternative zu den nationalen Marken und zur internationalen Registrierung dienen.[137] Die Gemeinschaftsmarke darf die nationalen Marken nicht verdrängen oder ersetzen. Sie soll vielmehr gleichberechtigt neben sie treten.[138] Wenn eine EU-Marke angemeldet wird, die bereits in einem der Mitgliedsstaaten als nationale Marke angemeldet war, kann bei der EU-Marke für das betreffende Land der Schutzzeitpunkt der früheren nationalen Marke auch beansprucht werden. Dies wird als Beans-

---

[134] vgl. *Kucsko, Guido*, Geistiges Eigentum, Markenrecht / Musterrecht / Patentrecht / Urheberrecht, Wien 2003, S. 568 f.

[135] vgl. *Bender, Achim,* Die Gemeinschaftsmarke verliert die Form und gewinnt an Kontur, MarkenR 02/2007, S. 45

[136] vgl. *Klaka/Schulz*, Die Europäische Gemeinschaftsmarke, Überblick für die Praxis, S. 10 f.

[137] *Niehues, Henrik,* Deutsche Marke, Gemeinschaftsmarke und internationale Registrierung, S. 37 ff.

[138] vgl. *Bender, Achim,* Die Gemeinschaftsmarke verliert die Form und gewinnt an Kontur, MarkenR 02/2007, S. 53

pruchen der Seniorität bezeichnet.[139] Die Schutzdauer der Gemeinschaftsmarke beträgt 10 Jahre und kann beliebig oft verlängert werden.[140] Weiterhin wird der Markenschutz in der Europäischen Gemeinschaft als Bestandteil eines unverfälschten Wettbewerbs verstanden.[141]

Die Gemeinschaftsmarkenverordnung ermöglicht den Unternehmen in einem einzigen Verfahren Gemeinschaftsmarken zu erwerben, die einen
einheitlichen Schutz genießen und im gesamten Gebiet der Gemeinschaft
wirksam sind. Gemäß Art. 1 Abs. 2 der GMVO hat die Gemeinschaftsmarke eine einheitliche Wirkung für die gesamte Gemeinschaft und kann
auch nur für dieses gesamte Gebiet eingetragen oder übertragen werden.
Auch ihre Benutzung kann nur für die gesamte Gemeinschaft untersagt
werden. Allerdings erkennt der EG-Vertrag die nationalen Markenrechte
als Schranken des freien Warenverkehrs grundsätzlich an.[142] Auch sind die
Markeninhaber nicht gezwungen ihre Marken künftig nur noch als Gemeinschaftsmarken anzumelden. Die Möglichkeit, eine Marke nur in einem einzelnen Land (oder einzelnen Ländern) anzumelden bleibt immer
noch bestehen Dies bezeichnet man als *Grundsatz der Koexistenz*.[143]

Das Gemeinschaftsrecht ist in die Rechtsordnungen der Mitgliedsstaaten
so integriert, dass es dort unmittelbare Wirkung hat und gegenüber den nationalen Gesetzen Vorrang genießt.[144]

Die Gemeinschaftsmarke kann gem. Art. 6 der VO nur durch Eintragung
erworben werden. Das deutsche MarkenG hingegen erfasst auch die Rechte, die aus der bloßen Benutzung einer Marke oder ihrer notorischen Bekanntheit entstehen können. Die Gemeinschaftsmarke kann allerdings

---

[139] vgl. *Kucsko, Guido*, Geistiges Eigentum, Markenrecht/Musterrecht, Patentrecht, Urheberrecht, Wien 2003, S. 569
[140] vgl. *Kucsko, Guido*, Geistiges Eigentum, Markenrecht/Musterrecht, Patentrecht, Urheberrecht, Wien 2003, S. 566
[141] vgl. *Schricker/Bastian/Knaack*, Gemeinschaftsmarke und Recht der Mitgliedsstaaten,
Auflage 2006, S. 68
[142] vgl. *Schricker/Bastian/Knaack*, Gemeinschaftsmarke und Recht der Mitgliedsstaaten,
Auflage 2006, S. 70
[143] vgl. . *Kucsko, Guido*, Geistiges Eigentum, Markenrecht/Musterrecht, Patentrecht, Urheberrecht, Wien 2003, S. 575
[144] vgl. *Bumiller, Ursula*, Durchsetzung der Gemeinschaftsmarke in der Europäischen Union,
Praxis des Gewerblichen Rechtsschutzes und Urheberrechts, S. 1

auch, wie die Marke im Sinne des MarkenG, verschiedene Funktionen haben. Jedoch ist bei der Gemeinschaftsmarke die Unterscheidungsfunktion, welche der Individualisierung der Produkte im Marktgeschehen dient, die Grundfunktion.[145]

Gemäß Art. 4 GMVO sind alle Zeichen schutzwürdig, die sich grafisch darstellen lassen. Hier werden allerdings nicht, wie im MarkenG, Farben und Farbzusammenstellungen, Hörzeichen und Verpackung der Ware erwähnt, obwohl auch diese grafisch darstellbar sind.

In der GMVO werden auch Gemeinschaftskollektivmarken erwähnt. Hierbei handelt es sich um eine Marke, die in der Anmeldung als solche bezeichnet wird und dazu dienen kann, Waren oder Dienstleistungen der Mitglieder eines Verbandes zu unterscheiden. Bei den Gemeinschaftskollektivmarken sind die Anforderungen an die Schutzfähigkeit gelockert, da diese auch Zeichen oder Angaben sein können, die zur Bezeichnung der geografischen Herkunft der Waren oder Dienstleistungen dienen.[146]

Gem. Art. 5 Abs. 1 der GMVO können Folgende Gemeinschaftsmarken erwerben:

- Natürliche oder juristische Personen einschließlich Körperschaften des öffentlichen Rechts, wenn es sich um Angehörige eines Mitgliedsstaates (Art. 5 I a), Angehörige anderer Verbandsstaaten des PVÜ (Art. 5 I b), Angehörige von Nichtverbandsländern mit Geschäftssitz in der EU oder einem PVÜ-Staat (Art. 5 I c), Angehörige von Staaten, die dem Übereinkommen zur Errichtung der Welthandelsorganisation (Art. 5 I b) beigetreten sind, handelt.

Da dem PVÜ über 100 Staaten angehören, und dem Übereinkommen zur Errichtung einer Welthandelsorganisation auch nicht weniger, aber dafür

---

[145]   vgl. *Bumiller, Ursula,* Durchsetzung der Gemeinschaftsmarke in der Europäischen Union, Praxis des Gewerblichen Rechtsschutzes und Urheberrechts, S. 2 f.

[146]   vgl. *Klaka/Schulz,* Die Europäische Gemeinschaftsmarke, Überblick für die Praxis, S. 20 f.

andere Staaten, angehören, sind kaum noch Nationalitäten zu finden, die nicht berechtigt sind, eine Gemeinschaftsmarke anzumelden.[147]

Das Gemeinschaftsmarkenrecht enthält drei Grundprinzipien. Dies sind die Autonomie, die Einheitlichkeit und die Koexistenz.

Autonomie bedeutet, dass die Gemeinschaftsmarke nur den Vorschriften der Gemeinschaftsmarkenverordnung unterliegen soll. Verweisungen auf nationales Recht sollen nach diesem Autonomieprinzip so wenig wie möglich vorkommen. Dennoch muss in einigen Fällen einzelstaatliches Recht angewendet werden. Die Gemeinschaftsmarkenverordnung enthält nämlich weder zur Verwirkung der Rechte aus einer Gemeinschaftsmarke bei Benutzung jüngerer nationaler Marken oder sonstiger Rechte, noch zur Anspruchsverjährung, Vorschriften.[148] Art. 14 Abs. 1 der Gemeinschaftsmarkenverordnung sieht diese ergänzende Anwendung des einzelstaatlichen Rechts vor, da gem. diesem Artikel sich die Wirkung der Gemeinschaftsmarke ausschließlich nach der Verordnung bestimmt und dass im Übrigen die Verletzung einer Gemeinschaftsmarke dem für die Verletzung nationaler Marken geltenden Recht gemäß den Bestimmungen der Artikel 90 – 104 unterliegt.

Einheitlichkeit bedeutet territoriale Unteilbarkeit des Rechts an der Gemeinschaftsmarke. Das bedeutet, dass die Gemeinschaftsmarke kein Bündel von nationalen Markenrechten ist, sondern ein einheitliches Recht, nämlich das der gesamten Gemeinschaft. Zu dieser Gemeinschaft zählen seit dem 1. Mai 2004 25 Mitgliedsstaaten.[149]

Doch auch bei der Einheitlichkeit gibt es Ausnahmen. Der Unterlassungsanspruch, der sich gegen die Benutzung einer Gemeinschaftsmarke richtet,

---

[147] vgl. *Klaka/Schulz*, Die Europäische Gemeinschaftsmarke, Überblick für die Praxis, S. 20 ff.

[148] vgl. *Schricker/Bastian/Knaack*, Gemeinschaftsmarke und Recht der Mitgliedsstaaten, Auflage 2006, S. 69

[149] vgl. *Schricker/Bastian/Knaack*, Gemeinschaftsmarke und Recht der Mitgliedsstaaten, Auflage 2006, S. 70

ist nach der Verordnung nicht unbedingt auf das gesamte Territorium der Gemeinschaft zu erstrecken.[150]

So lässt gem. Art. 106 Abs. 1 GMVO die Verordnung das nach dem Recht der Mitgliedsstaaten bestehende Recht unberührt, Ansprüche wegen Verletzung älterer Rechte im Sinne des Art. 8 oder Art. 52 Abs. 2 GMV gegenüber der Benutzung einer jüngeren Gemeinschaftsmarke geltend zu machen.[151]

Der Grundsatz der Koexistenz besagt, dass das Gemeinschaftsmarkensystem neben den nationalen Markenrechtssystemen besteht, und sich diese Systeme ergänzen.[152]

Mit der Änderungsverordnung Nr. 422/2004 vom 19. Februar 2004 wurden die Regelungen zur Inhaberschaft von Gemeinschaftsmarken und zum Recherchensystem geändert. Nunmehr können alle natürlichen und juristischen Personen Inhaber von Gemeinschaftsmarken sein, ohne dass es auf ein bestimmtes zusätzliches Erfordernis der Gegenseitigkeit, Äquivalenz oder Staatsangehörigkeit ankommt (Art. 5 GMV).

Dass die GMVO immer wieder Änderungen unterliegen wird, liegt vor allem auch darin, dass immer mehr Länder zu der Europäischen Gemeinschaft dazu kommen werden. So ist durch den Beitritt der zehn neuen Mitgliedsstaaten (Estland, Lettland, Litauen, Malta, Polen, Slowakei, Slowenien, Tschechien, Ungarn und Zypern) das Gemeinschaftsmarkensystem neu angepasst worden. Art. 159 a GMV hat die Gemeinschaftsmarkenverordnung mit den nationalen Rechtsordnungen dieser oben genannten Länder zusammengeführt. Denn gem. Art. 159 a Abs. 1 GMV sind Gemeinschaftsmarken, die vor dem 1. Mai 2004 angemeldet oder einget-

---

[150] vgl. *Schricker/Bastian/Knaack*, Gemeinschaftsmarke und Recht der Mitgliedsstaaten, Auflage 2006, S. 70
[151] vgl. *Schricker/Bastian/Knaack*, Gemeinschaftsmarke und Recht der Mitgliedsstaaten, Auflage 2006, S. 70
[152] vgl. *Schricker/Bastian/Knaack*, Gemeinschaftsmarke und Recht der Mitgliedsstaaten, Auflage 2006, S. 71

ragen worden waren, am 1. Mai automatisch auf die neuen Mitgliedsstaaten erstreckt worden.[153]

Insgesamt ist das Gemeinschaftsmarkensystem noch sehr jung und Gemeinschaftsmarkenverletzungen gehören noch zum weitgehend unbekannten Terrain. Meistens werden die Fragen des Gemeinschaftsmarkenschutzes im Verletzungsverfahren nach nationalem Muster geprüft und entschieden. Dies genügt jedoch in der Regel nicht. Bislang sind auf die neu aufgeworfenen Fragestellungen des Gemeinschaftsmarkenschutzes nur teilweise zufriedenstellende Antworten gefunden worden. Es muss also in den kommenden Jahren das notwendige Gespür für praxisnahe Lösungen gefunden werden, da der gesamte Prozess noch in den Anfängen steckt.[154]

3.3. Internationaler Markenschutz

Der internationale Markenschutz wird von dem TRIPS-Übereinkommen, der Pariser Verbandsübereinkunft zum Schutz des gewerblichen Eigentums („*PVÜ*") und vom Madrider Abkommen über die Internationale Registrierung von Marken („*MMA*") einschließlich des Protokolls („*PMMA*") zu diesem Übereinkommen geregelt.

3.3.1. Pariser Verbandsübereinkunft zum Schutz des gewerblichen Eigentums – („*PVÜ*")

Die PVÜ ist das älteste internationale Abkommen über den Schutz geistigen Eigentums und wird von der Weltorganisation für geistiges Eigentum („*WIPO*") verwaltet.[155] 1883 wurde die endgültige Fassung beschlossen und trat ein Jahr später, am 1. Juli 1884, mit elf Verbandsländern in Kraft.[156] Deutschland trat der PVÜ nach längerem Zögern am

---

[153]   vgl. *Schricker/Bastian/Knaack*, Gemeinschaftsmarke und Recht der Mitgliedsstaaten, Auflage 2006, S. 150

[154]   vgl. *Knaak, Roland*, Erste höchstrichterliche Entscheidungen aus den Mitgliedstaaten zur Verletzung von Gemeinschaftsmarken, MarkenR 01/2007, S. 8

[155]   vgl. *Weberndörfer, Jörg*, Rechtsvergleich Deutschland – Vereinigtes Königreich: Auswirkungen der Umsetzung der EG-Markenrichtlinie auf den erweiterten Schutz „bekannter" Marken, Band 8, S. 22

[156]   vgl. *Niehues, Henrik*, Deutsche Marke, Gemeinschaftsmarke und internationale Registrierung, S. 32

21. Mai 1903 bei.[157] Nicht nur damals galt die PVÜ als ein bedeutender Fortschritt auf dem Wege zu einer Vereinheitlichung des internationalen gewerblichen Rechtsschutzes. Auch heute bildet sie die Grundlage für sämtliche vereinbarten Sonderabkommen auf den Gebieten des Patent-, des Muster- und des Markenrechts.[158]

Die PVÜ regelt in den Art. 1 bis 11 die materiellen Grundlagen. Art. 12 bis 30 PVÜ befassen sich mit administrativen und organisatorischen Fragen.

Die PVÜ regelt den Erwerb von Kennzeichenrechten vor allem durch den Grundsatz der Inländerbehandlung, der Unionspriorität und den *telle-quelle*-Grundsatz[159] und stellt eine Mindestlösung dar, da nicht in die nationalen Gesetzgebungen eingegriffen werden sollte.[160] Mit den Minimalanforderungen sollte ein gewisses internationales Mindestschutzniveau erreicht werden. Im 19. Jahrhundert bildete die PVÜ die einzigen nationalen Richtwerte. Demnach hatten diese Mindestvorschriften eine erhebliche Bedeutung für die Staaten, die noch keine Marken- oder Patentgesetze vorzuweisen hatten.[161]

Der Grundsatz der Inländerbehandlung wird in Art. 2 Abs. 1 PVÜ geregelt. Er regelt, dass ein verbandsangehöriger Staat bezüglich des Schutzes seines gewerblichen Eigentums nicht schlechter gestellt werden darf als ein Inländer.[162]

Die Unionspriorität fungiert als Bindeglied für alle unterschiedlichen Schutzrechtssysteme. Wird in einem Verbandsstaat eine Fabrik- oder Handelsmarke erstmals und ordnungsgemäß angemeldet, sichert dies den

---

[157] vgl. *Bahmann, Markus*, Markenstrategien für den europäischen Binnenmarkt, Wettbewerbsrechtliche Studien, Band 3, S. 111
[158] vgl. *Niehues, Henrik*, Deutsche Marke, Gemeinschaftsmarke und internationale Registrierung, S. 32
[159] vgl. *Bahmann, Markus*, Markenstrategien für den europäischen Binnenmarkt, Wettbewerbsrechtliche Studien, Band 3, S. 111
[160] vgl. *Celli, Alessandro*, Internationales Kennzeichenrecht, S. 65
[161] vgl. *Celli, Alessandro*, Internationales Kennzeichenrecht, S. 73
[162] vgl. *Bahmann, Markus*, Markenstrategien für den europäischen Binnenmarkt, Wettbewerbsrechtliche Studien, Band 3, S. 112

Zeitvorrang für eine sechsmonatige Frist. Werden innerhalb dieser Frist weitere Schutzrechtsanmeldungen für diese Kennzeichnung in einem anderen Verbandsstaat vorgenommen, werden diese so behandelt als wären sie am Tag der Erstanmeldung vorgenommen worden. Dieser Zeitvorrang gilt auch, wenn die Eintragung versagt wird.[163]

Die *telle-quelle*-Klausel ist eine weitere bedeutende Regelung und ist in Art. 6^{quinquies} I PVÜ geregelt. Danach ist eine Marke, so wie sie im Ursprungsland vorschriftsmäßig eingetragen wurde, auch in den anderen Vertragsländern zu schützen.[164] Dies vereinfacht die Schutzerlangung in anderen Ländern, da der Verwender auf Grund dieser Vorschrift davon ausgehen kann, dass er auch in den anderen EU-Ländern einen Schutz erreichen kann. Allerdings ist umstritten, ob sich der *telle-quelle*-Grundsatz nur auf die Form oder auch auf den Inhalt bezieht.[165]

Insgesamt die PVÜ als Übereinkommen angesehen werden, welches die erste Harmonisierung unter den Industrienationen herbeiführte.[166]

3.3.2. Protokoll zum Madrider Markenabkommen und Madrider Markenabkommen

Das MMA ist ein Bündel nationaler Rechte[167], auf dessen Grundlage die Einbeziehung des Gemeinschaftsmarkensystems in das Verfahren der internationalen Markenregistrierung möglich war.[168] Es trat im April 1891 in Kraft und ist ein Sonderabkommen des Pariser Verbandsübereinkommens gem. Art. 19 PVÜ. Durch das MMA wird die Internationale Marke geregelt.[169] Dem MMA gehören 56 Mitgliedsländer an. Dazu zählen auch

---

[163] vgl. *Bahmann, Markus*, Markenstrategien für den europäischen Binnenmarkt, Wettbewerbsrechtliche Studien, Band 3, S. 112
[164] vgl. *Niehues, Henrik*, Deutsche Marke, Gemeinschaftsmarke und internationale Registrierung, S. 67
[165] vgl. *Bahmann, Markus*, Markenstrategien für den europäischen Binnenmarkt, Wettbewerbsrechtliche Studien, Band 3, S. 112
[166] vgl. *Celli, Alessandro*, Internationales Kennzeichenrecht, S. 73
[167] vgl. Die Marke, Markenschutz bei Henkel, S. 30
[168] vgl. *Schricker/Bastian/Albert*, Die Neuordnung des Markenrechts in Europa, S. 8
[169] vgl. *Kucsko, Guido*, Geistiges Eigentum, Markenrecht/Musterrecht, Patentrecht, Urheberrecht, Wien 2003, S.622

16 Mitgliedsstaaten der Europäischen Gemeinschaft.[170] Deutschland trat dem Abkommen erst mit Wirkung vom 1. Dezember 1922 bei. Das MMA sollte helfen, Schwierigkeiten bei der Eintragung von Marken zu beseitigen oder zu vermindern. Es sollte also eine Vereinfachung des Markenverfahrens bezweckt werden[171], aber nicht ein einheitliches Markenrecht für das Gebiet mehrerer Staaten geschaffen werden.[172] Durch das MMA kann auf Grund einer internationalen Registrierung auf Basis einer im Ursprungsland eingetragenen Marke (die sog. Basismarke) beim internationalen Büro der World Intellectual Property Organization („*WIPO*") in Genf Schutz für die übrigen Mitgliedsländer des Abkommens beantragt werden. Das Land der gewerblichen Niederlassung, oder auch der Wohnsitz des Anmelders, über das die internationale Registrierung eingereicht wird, gilt als Ursprungsland.[173] Die Schutzdauer beträgt 20 Jahre und ist beliebig oft verlängerbar.[174]

Das Protokoll zum Madrider Markenabkommen („*PMMA*") wurde zum 1. April 1996 wirksam und ergänzt das MMA, ist jedoch ein vollkommen selbstständiges, und vom MMA unabhängiges Vertragswerk.[175] Dem PMMA gehören 66 Mitgliedsstaaten an, also auch Länder, die vorher aus innerstaatlichen Gründen dem Madrider Markenabkommen nicht beitreten wollten. Durch das PMMA können nun auch internationale Organisationen mit eigenem Markenrechtssystem beitreten. So ist auch die Europäische Gemeinschaft am 1. Oktober 2004 Mitglied des PMMA geworden.[176]

---

[170] Die 16 Mitgliedsstaaten sind die Benelux-Länder, Deutschland, Frankreich, Italien, Österreich, Portugal, Spanien, Zypern, die Tschechische Republik, Ungarn, Lettland, Polen, die Slowakei und Slowenien

[171] *Niehues, Henrik,* Deutsche Marke, Gemeinschaftsmarke und internationale Registrierung, S. 33

[172] vgl. *Kucsko, Guido,* Geistiges Eigentum, Markenrecht/Musterrecht, Patentrecht, Urheberrecht, Wien 2003, S. 623

[173] vgl. *Stökel / Lüken,* Handbuch Marken- und Designrecht, S. 144

[174] vgl. *Kucsko, Guido,* Geistiges Eigentum, Markenrecht/Musterrecht, Patentrecht, Urheberrecht, Wien 2003, S. 622

[175] vgl. *Niehues, Henrik,* Deutsche Marke, Gemeinschaftsmarke und internationale Registrierung, S. 81

[176] vgl. *Stökel / Lüken,* Handbuch Marken- und Designrecht, S. 144

Das MMA sowie das PMMA sind zwei internationale Abkommen zur Grundlage der internationalen Registrierung.[177] Bevor eine Marke international registriert werden kann, muss zunächst festgestellt werden, welche der beiden Markenabkommen anzuwenden sind. Hier ist die „Safeguard-Clause" (*Sicherungsklausel*) zu beachten. Danach ist das MMA dem PMA vorrangig anzuwenden, wenn das Land der Ursprungsbehörde und der benannte Vertragsstaat, auf den sich der Markenschutz beziehen soll, beiden Verträgen angehören. Anderes gilt, wenn z.B. die Ursprungsbehörde allein dem MMA angehört. Dann kann sich der Schutz der Marke nur auf Mitgliedsstaaten des MMA erstrecken. Es gelten also nur die Regelungen des MMA. Wenn das Land der Ursprungsbehörde aber nur dem PMMA angehört, können bzgl. der Schutzerstreckung der Marke auch nur die Mitgliedsstaaten des Protokolls benannt werden. Somit gelten auch nur die Regelungen des PMMA. Wenn die Ursprungsbehörde aber beiden angehört, also dem MMA und dem PMMA, richtet sich die Frage, welcher Vertrag anzuwenden ist, nach den Vertragsparteien, auf die sich der Markenschutz erstrecken soll. Sind nur die Protokollstaaten benannt worden, dann gelten die Regelungen des Protokolls, soll sich der Schutz nur auf Staaten des MMA erstrecken, so gilt nur das MMA, und wenn sich der Markenschutz auf Staaten des MMA und des PMMA erstrecken soll, so kommen auf Grund der Sicherungsklausel vorrangig die Regelungen des MMA zur Anwendung.[178]

Welche Zeichen als Marke registriert werden können, ist im MMA nicht geregelt. Hier müssen die nationalen markenrechtlichen Regelungen herangezogen werden. Die internationale Marke können natürliche wie auch juristische Personen anmelden. Die Personen müssen jedoch Angehörige eines Verbandstaates sein (Art. 1 Abs. 2 MMA, Nationalitätsprinzip) oder Personen sein, die in einem Verbandsstaat des MMA ihren Wohnsitz oder

---

[177] vgl. *Stökel / Lüken*, Handbuch Marken- und Designrecht, S. 143
[178] vgl. *Stökel / Lüken*, Handbuch Marken- und Designrecht, S. 146

ihre wirkliche Niederlassung haben (Art. 2 MMA, Territorialitätsprinzip).[179]

3.3.3. TRIPS-Übereinkommen

Das TRIPS-Übereinkommen (*Trade Related Aspects on Intellectual Property Rights*) ist eine wesentliche Erweiterung des internationalen Markenrechts der PVÜ[180] und trat am 1. Januar 1995 international in Kraft[181] und enthält eine Reihe von Mindeststandards für die Ausgestaltung der nationalen Rechtsvorschriften zum Schutz von Immaterialgüterrechten.[182] Somit besitzt das TRIPS-Übereinkommen Mindestcharakter.[183] D.h. es steht den Mitgliedern der Welthandelsorganisation WTO frei, einen umfassenderen Schutz vorzusehen, oder die geeigneten Mittel für die Umsetzung der TRIPS-Bestimmungen frei zu wählen (Art. 1 Abs. 1 TRIPS). Allerdings ist das TRIPS nur darauf ausgelegt, internationale bzw. grenzüberschreitende Sachverhalte zu regeln. Demnach kann sich ein Angehöriger eines WTO-Mitgliedstaates nicht innerhalb seines eigenen Landes auf den Schutz des TRIPS berufen.[184]

Die Mitgliedsstaaten der Welthandelsorganisation WTO sind durch das TRIPS-Übereinkommen dazu verpflichtet, Schutzrechte anzubieten und deren Durchsetzbarkeit zu ermöglichen.[185] Dazu gehören einerseits Maßnahmen zur Beendigung oder Bekämpfung von Verletzungen von Rechten an geistigem Eigentum und andererseits Maßnahmen zur Verhinderung von Verletzungen an Rechten des geistigen Eigentums. Der Schwerpunkt wird dabei auf den zivilrechtlichen Bereich gelegt, und somit werden die Rechte des geistigen Eigentums als Privatrechte angesehen. Es sind jedoch

---

[179] vgl. *Kucsko, Guido*, Geistiges Eigentum, Markenrecht/Musterrecht, Patentrecht, Urheberrecht, Wien 2003, S. 626

[180] vgl. *Bahmann, Markus*, Markenstrategien für den europäischen Binnenmarkt, Wettbewerbsrechtliche Studien, Band 3, S. 113

[181] vgl. *Niehues, Henrik*, Deutsche Marke, Gemeinschaftsmarke und internationale Registrierung, S. 39

[182] vgl. *Schricker/Bastian/Albert*, Die Neuordnung des Markenrechts in Europa, S. 8

[183] vgl. *Anduleit, Manfred*, Die Rechtsdurchsetzung im Markenrecht, S. 244

[184] vgl. *Schmidt-Pfitzner, Jan,* Das TRIPS-Übereinkommen und seine Auswirkungen auf den deutschen Markenschutz, S. 32

[185] vgl. Orgalime-Leitfaden, Wirksame Bekämpfung von Marken- und Produktpiraterie, Oktober 2001, S. 15 ff.

auch unter bestimmten Voraussetzungen Verwaltungs-, Zoll- und Strafverfahren möglich.[186]

Das TRIPS besitzt zu dem MMA und dem PMMA keinerlei inhaltliche Beziehung, da es keine Regelungen zum Verfahren der internationalen Registrierung von Schutzrechten trifft. Allerdings wird in Art. 2 Abs. 2 TRIPS festgelegt, dass die Verpflichtungen, die auf Grund der PVÜ unter den Mitgliedern bestehen, durch das TRIPS nicht außer Kraft gesetzt werden. Somit knüpft es an die PVÜ an, und alle Mitglieder der WTO, die bisher den Beitritt der aktuellen Fassungen der PVÜ verweigert haben, müssen die letzte Fassung der PVÜ anwenden. Das TRIPS überführt also alle materialrechtlichen Regeln der PVÜ in seinen Anwendungsbereich, und dadurch werden die WTO-Mitgliedsstaaten auch Mitglieder der PVÜ.[187]

Eine Definition des Begriffes Marke findet sich in Art. 15 TRIPS, welcher die Marke als schutzfähiges Zeichen definiert. Danach können alle Zeichen und alle Zeichenkombinationen, die geeignet sind, die Waren oder Dienstleistungen eines Unternehmens von denen anderer Unternehmen zu unterscheiden, eine Marke darstellen. In Art. 15 Abs. 1 S. 2 TRIPS werden beispielhaft eintragungsfähige Marken aufgezählt. Diese Aufzählung besitzt jedoch nicht abschließenden Charakter, da die Formulierung „insbesondere" benutzt wird. Somit bleibt maßgeblich, ob ein Zeichen die abstrakte Unterscheidungskraft aufweist oder nicht.[188]

In Art. 16 TRIPS werden die ausschließlichen Mindestrechte des Markeninhabers definiert. Dem Markeninhaber steht demnach das ausschließliche Recht zu, Dritten zu verbieten, dasselbe oder ein ähnliches Zeichen im geschäftlichen Verkehr für dieselben oder ähnliche Waren oder Dienstleistungen zu benutzen. Obwohl Art. 16 Abs. 1 TRIPS sich grundsätzlich nur auf eingetragene Marken bezieht, wird im letzten Halb-

---

[186] vgl. *Anduleit, Manfred,* Die Rechtsdurchsetzung im Markenrecht, S. 245

[187] vgl. *Schmidt-Pfitzner, Jan,* Das TRIPS-Übereinkommen und seine Auswirkungen auf den deutschen Markenschutz, S. 34 ff.

[188] vgl. *Schmidt-Pfitzner, Jan,* Das TRIPS-Übereinkommen und seine Auswirkungen auf den deutschen Markenschutz, S. 35

satz der Schutz nicht eingetragener Rechte auf Grund von Benutzung ausdrücklich zugelassen. Denn dort steht geschrieben „(...) sie beeinträchtigen auch nicht die Möglichkeit, dass die Mitglieder Rechte auf Grund von Benutzung vorsehen".

Die Ansprüche eines Markeninhabers im Verletzungsverfahren sind in den Art. 44 – 48 geregelt. Gem. Art. 44 Abs. 1 TRIPS sind die Gerichte befugt eine Unterlassungsanordnung zu erteilen. Diese Unterlassungsanordnungen sollen verhindern, dass eingeführte Waren, die eine Verletzung des Markenrechts mit sich bringen, unmittelbar nach der Zollfreigabe in die in ihrem Zuständigkeitsbereich liegenden Vertriebswege gelangen.

Dieser Unterlassungsanspruch bezieht sich jedoch nur auf den sogenannten echten Unterlassungsanspruch, also die begangene Rechtsverletzung, und nicht auf den vorbeugenden Unterlassungsanspruch, also die drohende Rechtsverletzung, da ansonsten der Verletzer von seiner Verletzung nicht Abstand nehmen könnte.[189]

Gem. Art. 45 Abs. 1 TRIPS besteht ein Anspruch auf angemessenen Schadensersatz. Neben Schadensersatz sind die Gerichte auch befugt, eine Erstattung der Verfahrenskosten anzuordnen, zu denen auch Anwaltshonorare zählen (Art. 45 Abs. 2).

Damit die Gerichte wirksam von Verletzungen abschrecken können, sind sie gem. Art. 46 TRIPS befugt, die Beseitigung im Wege des Aus-dem-Verkehr-Ziehens[190] innerhalb der verfassungsmäßigen Grenzen anzuordnen. Auch Material und Werkzeuge, die vorwiegend zur Herstellung der rechtsverletzenden Waren verwendet wurden, müssen entschädigungslos aus dem Verkehr gezogen werden.

Art. 47 TRIPS regelt den Auskunftsanspruch, welcher den Gerichten erlaubt anzuordnen, dass der Rechtsinhaber vom Verletzer Auskunft über

---

[189] vgl. *Anduleit, Manfred*, Die Rechtsdurchsetzung im Markenrecht, S. 246 f.
[190] vgl. *Anduleit, Manfred*, Die Rechtsdurchsetzung im Markenrecht, S. 248

die Identität Dritter, die an der Herstellung und am Vertrieb der rechtsverletzenden Waren beteiligt waren, und über ihre Vertriebswege erhält.

Art. 48 TRIPS regelt die Entschädigung. Dieser Artikel ist eine Möglichkeit, einem Missbrauch des Durchsetzungsverfahrens der Rechte geistigen Eigentums vorzubeugen. Kommt es zu einer missbräuchlichen Verwendung des Durchsetzungsverfahrens, muss für den dadurch erlittenen Schaden Entschädigung geleistet werden.[191]

Als zusammenfassendes Ergebnis kann gesagt werden, dass das TRIPS-Abkommen keine unmittelbare, sondern mittelbare Wirkung besitzt. Dies bedeutet, dass die nationalen Gerichte bei der Auslegung nationaler Markenrechte, ebenso wie der EuGH bei der Auslegung von europäischem Gemeinschaftsrecht, die immaterialgüterrechtlichen Vorschriften des TRIPS-Übereinkommens zu berücksichtigen hat.[192] Des Weiteren dient das TRIPS-Übereinkommen nicht nur dem Immaterialgüterrechtsschutz, sondern hat als wesentliches Ziel die Liberalisierung des internationalen Handels. Somit setzt es dort Grenzen, wo ein effektiver Rechtsschutz geistigen Eigentums den freien Handel beschränkt.[193] Um dieses Spannungsfeld zu verringern, einigte man sich auf Minimalstandards, die die Teilnehmerstaaten zu einem Mindestschutz des geistigen Eigentums verpflichten.[194]

4.   MARKEN- UND PRODUKTPIRATERIE

Die Nachahmung fremder Erzeugnisse ist seit alters her ein gravierendes Problem. Jeder, der seine Erzeugnisse außerhalb des von ihm überschaubaren Lebenskreises verbreitet, ist der Gefahr der Fälschung seines Schaffens ausgesetzt.[195]

---

[191]   vgl. *Anduleit, Manfred,* Die Rechtsdurchsetzung im Markenrecht, S. 249
[192]   vgl. *Anduleit, Manfred,* Die Rechtsdurchsetzung im Markenrecht, S. 275
[193]   vgl. *Schmidt-Pfitzner, Jan,* Das TRIPS-Übereinkommen und seine Auswirkungen auf den deutschen Markenschutz, S. 50
[194]   vgl. *Niehues, Henrik,* Deutsche Marke, Gemeinschaftsmarke und internationale Registrierung, S. 69
[195]   vgl. *Harte-Bavendamm, Henning,* Handbuch der Markenpiraterie in Europa, S. 1

Markenpiraterie besitzt unterschiedliche Formen. Es gibt einerseits Länder, die eine „sklavische" Nachahmung" anstreben, und andererseits Länder, dies sind meistens westliche Länder, in denen die Gerichtsbarkeit funktioniert, die die Aufmachung der Produkte annähern. So wird versucht beim Verbraucher den Eindruck zu erwecken, es handele sich um eine Zweitmarke des bekannten Herstellers.[196]

Ein Beispiel einer solcher Fälschung zeigt folgende Abbildung:

Abb.4   Original und Fälschung einer Marke[197]

Aber nicht nur Luxusmarken sind der Marken- und Produktpiraterie verfallen. Auch der Industriebereich muss mit diesem Problem kämpfen, da auch immer mehr Steckdosen, Schalter, Haushaltsgeräte, Messgeräte, Kochutensilien, Schlösser, Armaturen, Motoren und Pumpen gefälscht werden.[198]

Auch sind im Hinblick auf die Markenpiraterie folgende Fälschungen zu unterscheiden:

Man spricht einmal von Konsensfälschungen, die von den Kunden gezielt und im Wissen erworben werden, dass die Produkte Falsifikate sind. Hier

---

[196]   vgl. Die Marke, Markenschutz bei Henkel, S. 20
[197]   vgl. Die Marke, Markenschutz bei Henkel, S.20
[198]   vgl. Orgalime-Leitfaden, Wirksame Bekämpfung von Marken- und Produktpiraterie, Oktober 2001, S. 3

sind die Erwerber keine Geschädigten der Markenpiraterie, sondern lediglich Nutznießer, die sich die gleichen sozialen Funktionen des Falsifikates
zu Nutze machen können, und dabei das Produkt wesentlich billiger erwerben.[199]

Des Weiteren spricht man von sog. Identfälschungen. Dies sind Fälschungen, die perfekt nachgeahmt sind, identisch aussehen und technisch ein-
wandfrei sind.[200]

4.1. Abgrenzung Marken- und Produktpiraterie

Eine einheitliche Definition der Begriffe „Markenpiraterie" und „Produktpiraterie" existiert nicht.[201] Die Bezeichnung „Produktpiraterie" wird im
Englischen als „Piracy" übersetzt[202] und beschreibt oftmals Kopien von
Originalprodukten, die unter Verletzung gewerblicher Schutzrechte oder
Urheberrechte verkauft werden und vom Originalprodukt nicht zu unterscheiden sind.[203] Es ist also das verbotene Nachahmen und Vervielfältigen
von Waren, für die die rechtmäßigen Hersteller Erfindungsrechte, Design-
rechte und Verfahrensrechte besitzen.[204] Es existiert jedoch auch die Auffassung, dass Produktpiraterie bzw. Piracy als ein übergeordneter Begriff
für sämtliche Verletzungen angesehen werden kann, die Rechte geistigen
Eigentums, Urheber-, Gebrauchs- und Patentrechte betreffen.

Zusammen mit Produktpiraterie wird auch immer der Begriff „Plagiat"
verwendet. Dieser Begriff muss unter zwei Gesichtspunkten betrachtet
werden. Es gibt einmal das Plagiat, das von Schriftstellern als schöpferi-
sche Aneignung genommen wird. Diese Art von Plagiat wird schon seit
langem verwendet, da selbst Shakespeare von 6043 Versen 1771 wörtlich
abgeschrieben hat und 2373 lediglich umgebildet hat. Fast jeder Schrift-

---

[199]   vgl. *Maske, Barbara*, Markenpiraterie und Strafrecht in Deutschland, der Republik Polen
und der Russischen Föderation, S. 40
[200]   vgl. *Maske, Barbara*, Markenpiraterie und Strafrecht in Deutschland, der Republik Polen
und der Russischen Föderation, S. 42
[201]   vgl. *Maske, Barbara*, Markenpiraterie und Strafrecht in Deutschland, der Republik Polen
und der Russischen Föderation, S. 51
[202]   vgl. *Harte-Bavendamm*, Handbuch der Markenpiraterie, S. 14
[203]   vgl. *Stökel / Lüken*, Handbuch Marken- und Designrecht, S. 267
[204]   vgl. www2.markenpiraterie-apm.de/index.php?lang=de&rid=2&pid=1, 10.06.2007

steller bedient sich dieser Art von künstlerischer Freiheit. Dies ist aber streng zu unterscheiden von dem Plagiat wie es bei der Produktpiraterie vorkommt. Hier wird einfach ganz schlicht und unkreativ Diebstahl geistigen Eigentums betrieben, der auch noch verheerende Folgen für die Volkswirtschaft hat.[205]

Die Bezeichnung „Markenpiraterie" wird im Englischen als „Counterfeiting" übersetzt.[206] Unter diese Bezeichnung fallen meistens Markenrechtsverletzungen, also die illegale Verwendung von geschützten Zeichen, Namen, Logos und geschäftlichen Bezeichnungen, die die Markenhersteller zur Kennzeichnung ihrer Produkte verwenden.[207] Wenn man von Markenpiraterie spricht, bezieht man sich also nicht auf das Produkt als solches, sondern auf die äußere Aufmachung. Ein typisches Beispiel hierfür sind die Nachahmungen von Luxusprodukten (z.B. Louis Vuitton-Taschen und Rolex-Uhren).[208]

4.2.   High Tech- und Low Tech Counterfeiting

Es wird zwischen dem „Low-Tech Counterfeiting" und dem „High-Tech Counterfeiting" unterschieden. Das Low-Tech Counterfeiting beschreibt das Nachahmen von Marken, wie es schon seit langer Zeit geschieht. Hier erfordern die angewandten Herstellungsverfahren meist relativ begrenztes Know-how, oder es handelt sich zwar um komplizierte Produkte, das Werkzeug für eine perfekte Kopie ist aber allgemein verfügbar und einfach zu bedienen.

Das High-Tech Counterfeiting spielt erst seit Kurzem eine Rolle. Es erfordert erhebliche Spezialkenntnisse und Betriebsmittel. Beispiele hierfür sind die Reproduktion von Sicherheits-Hologrammen oder Arzneimitteln. Gerade im Arzneimittelsektor kann die Nachahmung schwerstwiegende Folgen haben, da hier lebensgefährliche Scheinpräparate auf den Markt

---

[205]   vgl. *Busse, Rido,* Produktpiraterie, Europäische Anwaltsvereinigung, S. 9 f.
[206]   vgl. *Harte-Bavendamm*, Handbuch der Markenpiraterie, S. 13
[207]   vgl. www2.markenpiraterie-apm.de/index.php?lang=de&rid=2&pid=1, 10.06.2007
[208]   vgl. *Stökel / Lüken*, Handbuch Marken- und Designrecht, S. 267

kommen können.[209] So wurde z.B. in Vietnam eine perfekte Kopie einer sehr anspruchsvollen Tropenverpackung entdeckt, die weltweit nur von ganz wenigen Fachbetrieben gefertigt werden kann. Inhaltsangabe, Haltbarkeitsdatum, Verpackung und Zulassungsnummer waren gefälscht. Es handelte sich hierbei um das Arzneimittel Ranitidin, welches zur Behandlung von Magengeschwüren verwendet wird.[210]

Zwar ist das Low-Tech Counterfeiting meistens dort anzutreffen, wo es billige Arbeitskräfte gibt, jedoch geht der Trend im allgemeinen dahin, dass Staaten, die als „typische Fälschungsländer" angesehen wurden, im Laufe der Jahre eine wirtschaftliche Entwicklung durchmachen und merken, dass sie einen angemessenen gewerblichen Rechtsschutz benötigen um international einen gewissen Ruf zu erlangen. Dadurch verlagern sich dann die Nachahmungsaktivitäten in Länder, die diese Erkenntnis noch nicht erlangt haben.[211]

4.3. Ursachen der Markenpiraterie

Markenpiraterie kann mehrere Ursachen haben. Neben der Globalisierung und dem Internet spielt es vor allem auch eine Rolle, dass Verbraucher mit relativ niedrigem Einkommen ebenfalls an der Exklusivität und der Leistungsfähigkeit des für sie zu teuren Angebots teilhaben wollen und deshalb die billigen Plagiate erwerben, da heutzutage das Bedürfnis Exklusivität, Leistungsfähigkeit und Zugehörigkeit zu einer Elite zu signalisieren sehr hoch ist.[212]

Insgesamt kann gesagt werden, dass Markenwarenfälschungen bestehen bleiben solange die Nachfrage nach Markenartikeln zu möglichst günstigen Preisen bestehen bleibt.[213]

---

[209]   vgl *Harte-Bavendamm*, Handbuch der Markenpiraterie, S. 4

[210]   vgl. GHPF News, Mitteilungen des German Pharma Health Fund e.V. (GPHF), Nr. 1/2005, S. 2

[211]   vgl. *Harte-Bavendamm*, Handbuch der Markenpiraterie, S. 4

[212]   vgl. *Bahmann, Markus*, Markenstrategien für den europäischen Binnenmarkt, Wettbewerbsrechtliche Studien, Band 3, S. 45 f.

[213]   vgl. *Stökel / Lüken*, Handbuch Marken- und Designrecht, S. 268

Während international vor allem das Internet eine Rolle spielt, sind national gesehen z.B. Flohmärkte ein beliebter Platz um Piratereiwaren zu vertreiben.[214]

4.3.1. Globalisierung

Marken- und Produktpiraterie nehmen vor allem auf Grund der Globalisierung zu. Durch diese werden Handelshemmnisse abgebaut, die Handels- und Transportwege werden immer einfacher und schneller. Demgegenüber steht allerdings ein rechtliches Schutzinstrumentarium, das an den jeweiligen Landesgrenzen endet.[215] Die Bundesrepublik Deutschland verfügt über ein traditionell sehr komplexes und kohärentes Markenrecht, da Deutschland eine Industrienation mit einer Vielzahl von unterschiedlichen Marken ist. Demgegenüber stehen z.B. Länder wie die Russische Föderation, die politisch und wirtschaftlich instabil sind, und in denen die Durchsetzung des Markenschutzes noch immer mit erheblichen Schwierigkeiten verbunden ist.[216]

Heutzutage sind in der Produkt- und Markenpiraterie grenzüberschreitende Transaktionen zu bemerken, durch die die wahren Quellen verschleiert werden, immer neue gefälschte Ursprungserzeugnisse erstellt werden, und die Erlöse durch Geldwäsche und andere Verschleierungsmaßnahmen möglichst sicher untergebracht werden sollen.[217] Im Jahre 1999 kamen die meisten Fälschungen noch aus dem asiatischen Raum (China, Taiwan, Thailand, Hongkong). Mittlerweile steigen die Zahlen der Fälschungen aus Ländern wie Tschechien und Polen. Diese Länder fungieren jedoch nicht nur als Herstellungsländer, sondern oftmals auch als Transitländer für Fälschungen aus dem asiatischen und dem weiteren osteuropäischen Raum wie der Russischen Föderation.[218]

---

[214] vgl. *Stökel / Lüken*, Handbuch Marken- und Designrecht, S. S. 268
[215] vgl. *Harte-Bavendamm*, Handbuch der Markenpiraterie, S. 9
[216] vgl. *Maske, Barbara*, Markenpiraterie und Strafrecht in Deutschland, der Republik Polen und der Russischen Föderation, S. 50
[217] vgl. *Harte-Bavendamm*, Handbuch der Markenpiraterie, S. 5
[218] vgl. *Maske, Barbara*, Markenpiraterie und Strafrecht in Deutschland, der Republik Polen und der Russischen Föderation, S. 40

Durch die Globalisierung und die technisch immer perfekter werdenden Nachahmungsverfahren nimmt die Nachahmung fremder Erzeugnisse ein vorher nie gekanntes Ausmaß an. Durch die Globalisierung können Waren in Ländern mit geringen Produktionskosten kostengünstig produziert werden und dann in finanzstarke Märkte ausgeführt werden.[219] Die Zollbehörden in Deutschland und in Europa können auf Grund des Schengener Abkommens[220] nur die Außengrenzen der Europäischen Union kontrollieren. Weiterhin erschweren die offenen Grenzen innerhalb der EU die Verfolgung von Markenpiraterie.[221]

Ein Problem ist auch, dass in den Ländern, in denen die Produktionskosten so gering sind, die gewerblichen Schutzrechte nur unzureichend geschützt werden, oder bestehende Schutzrechte nicht durchgesetzt werden. Die unterschiedliche Mentalität und das daraus folgende fehlende Unrechtsbewusstsein sind als Ursachen für einen mangelhaften Kennzeichenschutz zu sehen.[222] So sehen zwar Chinesen Diebstahl als eine beschämende Tat an, Kopieren aber gilt in China als Kunst und vor allem als Lob für den, dessen Produkt kopiert wird. Und da China als das Mutterland der Produktpiraterie gilt, (60% der gefälschten Produkte, die die Zöllner der EU beschlagnahmen, stammen aus der Volksrepublik China) ist diese Mentalität bei vielen Raubkopierern vorhanden.[223]

Auch die globale Infrastruktur, die durch die Technik immer mehr verbessert wird, spielt eine große Rolle. So erleichtern Faxgeräte, Mobiltelefone, E-Mail, Express-Lieferdienste und moderne Verkehrsmittel den Markenpiraten den Vertrieb ihrer gefälschten Waren.[224]

---

[219] vgl. *Stökel / Lüken*, Handbuch Marken- und Designrecht, S. 267
[220] Durch die Schengener Übereinkommen (Schengen I und Schengen II) entfallen die Kontrollen an den gemeinsamen Grenzen der Anwenderstaaten und werden stattdessen auf die Außengrenzen verlagert. Momentan sind 13 der 15 Mitgliedsstaaten der EU, sowie Island und Norwegen (beide gehören der Europäischen Freihandelsassoziation (EFTA) an, Vollanwender der Schengener Abkommen.
[221] vgl. *Maske, Barbara*, Markenpiraterie und Strafrecht in Deutschland, der Republik Polen und der Russischen Föderation, S. 37
[222] vgl. *Stökel / Lüken*, Handbuch Marken- und Designrecht, S. 267 f.
[223] vgl. *Alich/Hoffbauer*, Wider die optische Täuschung, Handelsblatt, 16. August 2006
[224] *Selzer, Dagmar*, Der Schutz vor Markenpiraterie auf internationaler und europäischer Ebene unter besonderer Berücksichtigung des Übereinkommens über handelsbezogene

4.3.2. Internet

Das Internet spielt im Bereich der Markenpiraterie eine ganz besonders große Rolle. Durch das Internet wird der Informationsaustausch von jedem Ort der Welt zu jedem Ort der Welt ermöglicht und Waren können anonym vertrieben werden.

Und diese Anonymität ist das größte Problem der Bekämpfung der Markenpiraterie. Auch ist der Verkauf über das Internet wesentlich bequemer als der Straßenverkauf oder ein direkter Vertrieb über Handelsketten.[225]

Die Markenpiraten können das Internet in dreifacher Weise für ihre Zwecke missbrauchen. Einmal haben sie die Möglichkeit, sich Domain-Namen registrieren zu lassen, die sie später an den Markeninhaber verkaufen oder lizenzieren. Dies wird *Cybersquatting* genannt. Des Weiteren können sie das Internet zur Geschäftsanbahnung verwenden oder einfach die Leistung über das Internet erbringen. Der Markenpirat kann sich Internetseiten einrichten, auf denen er seine nachgeahmte Ware anbietet. Durch Hyperlinks auf die Webseiten der Markeninhaber kann sogar Legitimität vorgetäuscht werden. Auch stehen ihm verschiedene Diskussions- und Kommunikationsforen offen, über denen er mit den Kunden in Kontakt treten kann.[226]

Ebay, die Internet-Auktionsplattform, ist zu einem der Hauptumschlagsplätze für gefälschte Waren geworden.[227]

Gem. § 7 Nr. 1 der Allgemeinen Geschäftsbedingungen von Ebay ist das Anbieten von gefälschten Artikeln verboten,[228] aber dennoch wird immer

---

[225] Aspekte der Rechte des geistigen Eigentums und der europäischen Antipiraterieverordnung, Dissertaion Universität Münster, S. 50
vgl. *Selzer, Dagmar*, Der Schutz vor Markenpiraterie auf internationaler und europäischer Ebene unter besonderer Berücksichtigung des Übereinkommens über handelsbezogene Aspekte der Rechte des geistigen Eigentums und der europäischen Antipiraterieverordnung, Dissertaion Universität Münster, S. 164

[226] vgl. *Selzer, Dagmar*, Der Schutz vor Markenpiraterie auf internationaler und europäischer Ebene unter besonderer Berücksichtigung des Übereinkommens über handelsbezogene Aspekte der Rechte des geistigen Eigentums und der europäischen Antipiraterieverordnung, Dissertaion Universität Münster, S. 164 f.

[227] vgl. *Schneider, Kerstin*, www.stern.de/wirtschaft/immobilien/verbraucher/:Produktfälschungen, 16.06.2006

[228] vgl. *Richard, Johannes*, www.internetrecht-rostock.de/markenpiraterie.htm, 6.05.2007

wieder Markenpiraterieware mit Erfolg über Internetauktionen verkauft. Dies kann einmal durch berufsmäßige Markenpiraten, aber auch durch unwissende Privatpersonen geschehen, die wissentlich oder unwissentlich das Plagiat wieder los werden möchten. Oft kann es vorkommen, dass die Privatpersonen selber Opfer von Markenpiraten geworden sind, und die Ware auf schnellstem Wege wieder über eine Internetauktion los werden möchten.[229]

Da die Verkäufer der gefälschten Waren im Internet Vorteile nutzen können, die sie sonst nicht hätten, nämlich Anonymität und eine große Nutzerzahl, ist der Trend zu bemerken, dass immer mehr organisierte Strukturen bei diesen kriminellen Internetauktionen vorhanden sind.[230] Die Plagiathändler machen es den Verbrauchern auch immer schwerer gefälschte Ware im Internet zu erkennen. Einerseits ist es für den Kunden nicht möglich die Produkte vor dem Erwerb genauer anzusehen oder in die Hand zu nehmen, andererseits liegt der Preis für die gefälschten Produkte nur zehn oder zwanzig Euro unter dem normalen Ladenpreis. Somit können die Erwerber nicht sofort merken, dass es sich um gefälschte Waren handelt.[231]

Da die Internetauktionshäuser mittlerweile zum wichtigsten Handelsplatz für gefälschte Produkte geworden sind, wird ihnen vorgeworfen nicht genug gegen die Marken- und Produktpiraterie zu unternehmen. Ebay bietet mittlerweile das sog. VeRi-Programm (verifizierte Rechteinhaber) an. Mit Hilfe dieses Programms können die Markeninhaber Auktionen mit gefälschten Produkten löschen lassen und die Kontaktdaten des jeweiligen Verkäufers anfordern. Des Weiteren appellieren Verbände an die Verbraucher, dass sie solche Fälschungen boykottieren sollen.[232] Ein weiteres Angebot von ebay sind die sog. „mich-Seiten". Dort kann der Originalherstel-

---

[229]   vgl. *Althoetmar, Kai*, www.wdr.de/tv/markt/service/berichte, 16.06.2006
[230]   vgl. *Kuhn, Lothar*, www.manager-magazin.de/it/artikel, 16.06.2006
[231]   vgl. *Frost, Simon*, www.netzeitung.de/spezial/globalvillage/343857, 21.03.2007
[232]   vgl. *Brintrup, Saskia*, www.onlinekosten.de/news/artikel, 16.06.2006

ler Produktinformationen hinterlegen, die den Käufer über seine Produkte und über mögliche Fälschungsmerkmale informieren.[233]

Da der Verkauf von Markenfälschungen bei Ebay verboten ist, hat der Käufer einen Anspruch auf Übergabe eines Markenproduktes. Wenn der Verkäufer den Anspruch nicht erfüllen kann, da er z.B. das Markenprodukt nicht besitzt, hat der Käufer zwei Möglichkeiten: Er kann einerseits auf Durchführung des Kaufvertrages, also auf Lieferung des Markenproduktes, klagen oder Schadenersatz geltend machen, der in der Differenz zwischen dem gebotenen Kaufpreis und dem tatsächlichen Preis eines Markenproduktes besteht.[234]

Produktfälscher nutzen meistens auch Fotos von den Websites und aus Prospekten der Markenhersteller, um damit ihre Imitate anzubieten. Auch hier wurde schon eine Lösung gefunden. Eine Software sucht selbstständig nach Wasserzeichen in den Bilddateien auf den Shoppingportalen, die sich auch durch Verkleinern, Vergrößern, Ausschneiden oder durch andere Veränderungen an den Bildern nicht entfernen lassen.

4.4. Aktuelle Fälle der Markenpiraterie

4.4.1. Fußball Weltmeisterschaft 2006

Durch die Fußball Weltmeisterschaft 2006 („*Fußball WM 2006*"), die am 9. Juni 2006 in Deutschland begann, erlebte die Markenpiraterie eine deutliche Zunahme. Die Federation Internationale de Football Association („*FIFA*") hatte eine Vielzahl von Einzelbegriffen oder Begriffskombinationen, die mit der Fußball WM 2006 in Verbindung gebracht werden können, schützen lassen. Die Eintragung der Marke „Fußball WM 2006" wurde gelöscht, nachdem die Firma Ferrero gegen die Markeneintragung Beschwerde eingelegt hatte. Ohne Zweifel sind jedoch das Logo der WM, der Löwe „GOLEO VI" und der Weltmeisterpokal geschützt. Selbst das

---

[233]   vgl. *Internet*AGENT, Neues zu Vertriebs- und Markenschutz im Internet, September 2006, S. 1

[234]   vgl. *Richard, Johannes*, www.internetrecht-rostock.de/markenpiraterie.html., 6.05.2007

Motto der WM „Die Welt zu Gast bei Freunden" genießt kennzeichenrechtlichen Schutz.[235]

Vor allem im Internet wurden zur Zeit der Fußball WM 2006 im großen Maße Produkte vertrieben, auf denen unerlaubterweise das offizielle WM-Logo, der WM-Pokal oder das FIFA-Siegel angebracht waren.[236] Da sich gerade im Fanartikelbereich der Preis der Fälschung kaum noch von dem des Originals unterscheidet, ist es schwer, eine Fälschung von dem Original zu unterscheiden.[237]

Schon zur WM 2002 in Japan und Südkorea sind 3,2 Millionen gefälschte Produkte beschlagnahmt und vernichtet worden.[238] Im April 2006 hatte der Zoll eine aus der Türkei stammende Warensendung entdeckt, die 4.680 Textil-Sets beinhaltete, wobei ein Set aus drei verschiedenen Paar Socken und einem Sportarmband bestand, die mit der Aufschrift „World Cup 2006" bzw. einem Bild des FIFA-Pokals versehen waren.[239]

4.5.   Folgen der Markenpiraterie

Nachahmungen wirken sich auf Grund ihres Umfangs auf die Unternehmen, Volkswirtschaften und Verbraucher aus. Aber auch auf die Gesellschaft als Ganzes wirken sie schädigend, da sie auch die öffentliche Sicherheit berühren.[240] Wird die Markenpiraterie nicht eingedämmt, droht die Erosion einer Marke.[241] Problematisch ist, dass der tatsächliche Umfang der Markenpiraterie nicht genau zu erkennen ist, da es sich hier um illegale Tätigkeiten handelt und ein Großteil der Fälschungen auf dem Schwarzmarkt vertrieben wird. Das genaue Ausmaß der Schäden ist oftmals nicht eindeutig belegbar. Auch sind die Fälle nicht erfassbar, in denen die Kunden selbst nicht wissen, dass sie eine Fälschung erworben ha-

---

[235]   vgl. IHK-Merkblatt, Werbung zur Fußballweltmeisterschaft 1 ff.
[236]   vgl. *Worm, Ulrich*, LZ 26, Gefälschte Fanartikel im Internet, 30. Juni 2006
[237]   vgl. www.zoll.de/b0_zoll_und_steuern/d0_verbote_und_beschraenkungen /f0_gew_rechtsschutz/a0_markenpiraterie/index.html, 3.05.2007
[238]   vgl. http://emsn.nwz-online.de/wm2006/nwz.php?CMD=ViewArticle&id=10460450, 21.03.2007
[239]   vgl. www.zoll.de/f0_veroeffentlichungen/c0_produktpiraterie/y0_2006/m25-markenfaelschungen/index.html, 21.03.2007
[240]   vgl. *Harte-Bavendamm*, Handbuch der Markenpiraterie, S. 9
[241]   vgl. *Stökel / Lüken*, Handbuch Marken- und Designrecht, S. 269

ben. Oder die Kunden, die wissentliche eine Fälschung erworben haben, werden sich bei Unzufriedenheit mit dem Produkt nicht an den Originalhersteller oder Ermittlungsbehörden wenden. Die Umsatzeinbußen, die entstehen, wenn der Kunde sich auf Grund einer minderen Qualität der vermeintlich erworbenen Originalmarke von dieser abwendet, sind kaum zu quantifizieren.[242]

4.5.1. Folgen für die Unternehmen (Markeninhaber)

Durch den Markenschutz kann der Inhaber einer Marke gegen Nachahmer oder Schmarotzer vorgehen.[243]

Für die einzelnen Unternehmen, also den Inhabern der verletzten Schutzrechte, stellt die Markenpiraterie Umsatz- und Gewinnausfälle in immenser Größenordnung dar. Hier sind vor allem mittelständische Unternehmen betroffen, da sich ihr Markterfolg vor allem auf neu entwickelte Produkte zurückführen lässt. Die mühsam erworbenen Marktanteile werden dadurch wieder verloren.[244]

Auch der Ruf des Unternehmens kann z.B. geschädigt werden, wenn der Verbraucher auf Grund einer ausgezeichneten Markenfälschung der Annahme ist er hätte eine Originalware erworben. Ist die Qualität der nachgeahmten Ware jedoch wesentlich schlechter, bringt er die schlechte Qualität mit der Marke in Bezug und wird dies auch im Bekannten- und Freundeskreis weitererzählen. Dies führt zu erheblichen Imageschäden und einer Entwertung der Exklusivität der Marke.[245] Man spricht auch von der „Garantiefunktion der Marke",[246] welche besagt, dass der Abnehmer ein gewisses Vertrauen in die Marke aufbringt. Wenn dieses Vertrauen gebrochen ist, ist auch die Werbefunktion der Marke verloren. Gerade

[242] vgl. *Maske, Barbara*, Markenpiraterie und Strafrecht in Deutschland, der Republik Polen und der Russischen Föderation, S. 34 f.

[243] vgl. Die Marke, Markenschutz bei Henkel, S

[244] vgl. *Maske, Barbara*, Markenpiraterie und Strafrecht in Deutschland, der Republik Polen und der Russischen Föderation, S. 38

[245] vgl. *Maske, Barbara*, Markenpiraterie und Strafrecht in Deutschland, der Republik Polen und der Russischen Föderation, S. 38

[246] vgl. *Giefers/May*, Markenschutz, Waren- und Dienstleistungsmarken in der Unternehmens- und Rechtspraxis, 5. Auflage, 2003, S. 32

heutzutage ist der Wettbewerb für die einzelnen Unternehmen immer schwieriger und härter. Auf Grund des Preiskampfes kann ein Unternehmen mit niedrigen Preisen nicht mehr „auftrumpfen". Somit muss es mit anderen Mitteln auf sich aufmerksam machen. Und dies geschieht vor allem mit Qualität.

Der Verlust des Vertrauens der Kunden bremst somit auch die Investitionen und Aufwendungen für Innovation und Kreativität in den Unternehmen. Dieser Investitionsrückgang führt letztendlich zu einem erheblichen Verlust von Arbeitsplätzen.[247]

Man kann behaupten, dass eine Marke den wesentlichen Teil des Unternehmenswertes darstellt, da die Marke das Produkt erst unverwechselbar macht. So wurde z.B. entschieden, dass die Beschwerde gegen ein Abi-T-Shirt mit dem Aufdruck „Trabi 03 ... nach uns die Wende" zulässig und teilweise begründet ist.[248]

Ganz besonders schwerwiegend sind die Folgen aber auch, wenn die Falsifikate auf Grund des weiter oben erläuterten, exzellenten Kommunikationsaustausches und der immer einfacher und schneller werdenden Handels- und Transportwege, fast gleichzeitig mit den vorher angekündigten Originalerzeugnissen auf den Markt kommen. Dadurch wird jeder angemessene Amortisationszeitraum für die Entwicklungskosten und Anfangsinvestitionen zerstört.[249]

4.5.2. Folgen für die Verbraucher

Die Folgen für den Verbraucher sind vielschichtig. Einerseits kann der Verbraucher von der Markenpiraterie profitieren, da er vermeintliche Markenartikel wesentlich preisgünstiger erwerben kann. Somit kann er kostengünstig einen Prestigezuwachs erreichen. Dies ist vor allem bei den

---

[247]   vgl. *Stökel / Lüken*, Handbuch Marken- und Designrecht, S. 143
[248]   OLG Hamburg, Beschl. v. 5.1.2006 – 5 W 2/06 – Trabi 03
[249]   vgl. *Harte-Bavendamm*, Handbuch der Markenpiraterie, S. 11

sog. Identfälschungen gegeben, da diese mit dem Original identisch sind.[250]

In den meisten Fällen sind die Falsifikate jedoch qualitativ weit unterlegen und stellen sogar eine Gefahr für den Verbraucher dar.[251] Er rechnet besonders bei Arzneimitteln mit einer gleichbleibenden oder sogar besseren Qualität.[252] Die amerikanische „Food and Drug Administration" beziffert den Markt für gefälschte Arzneien weltweit auf 35 Milliarden Dollar, und in den Entwicklungsländern sind 30% aller Medikamente illegale Imitate. Aber auch hier in Deutschland sind 8% der angebotenen Medikamente Fälschungen. Vor allem sog. „Lifestyle-Medikamente wie Haarwuchsmittel, Viagra oder Stimmungsaufheller werden im Internet gefälscht angeboten. Oft können selbst Fachleute die minderwertigen Tabletten ohne genaue Analyse nicht erkennen. Schlimm ist es vor allem, wenn wie in Panama, Patienten sterben, weil sie als Hustensaft deklariertes Frostschutzmittel tranken.[253]

Auch in Bezug auf Autounfälle auf Grund von gefälschten Ersatzteilen kann es zu fatalen Folgen für Leib und Leben kommen. Zum Beispiel musste Mika Häkkinen im Frühjahr 1998 beim Großen Preis von San Marino zu einem frühen Zeitpunkt des Rennens in Führung liegend aufgeben, da ein gefälschtes Kugellager den Belastungen des Rennens nicht standhielt. Der Zulieferer hatte von einem asiatischen Fälscher ein kopiertes Billigteil erhalten, das keiner der Experten auf den ersten Blick als solches erkannt hatte.[254]

---

[250] vgl. *Maske, Barbara*, Markenpiraterie und Strafrecht in Deutschland, der Republik Polen und der Russischen Föderation, S. 39

[251] vgl. *Maske, Barbara*, Markenpiraterie und Strafrecht in Deutschland, der Republik Polen und der Russischen Föderation, S. 39

[252] vgl. Die Marke, Markenschutz bei Henkel, S. 19

[253] vgl. *Zittlau, Jörg*, Rheinische Post, Artikel vom 7. März 2007, „Immer mehr Medikamente gefälscht"

[254] vgl. www.konstruktionspraxis.de/fachartikel/druck/kp_fachartikel_druck_5404783.html, 10.05.2007

Gefälschte technische Erzeugnisse sind also häufig Sicherheitszeitbomben, da deren Einsatz oft katastrophale Folgen haben kann.[255]

4.5.3. Folgen für die Handelsunternehmen

Auch für die Handelsunternehmen kann der Vertrieb von Plagiaten und Produktfälschungen schwerwiegende Folgen haben. Wenn Marken-, Patentrechte oder sonstige gewerbliche Schutzrechte des Originalherstellers beeinträchtigt werden, dann haftet nicht nur der Produzent der gefälschten Waren, sondern jeder, der in den Vertriebsweg eingeschaltet ist. Für Handelsunternehmen kann dies bedeuten, dass sie vom Originalhersteller abgemahnt werden. Diese Abmahnung verursacht Kosten. Des Weiteren muss der Händler die Ware vernichten und dem Originalhersteller eine Unterlassungserklärung abgeben, sowie Auskunft über den Vertriebsweg und die erzielten Umsätze erteilen. Damit kann der Geschädigte seinen Schaden berechnen und vom Handelsunternehmen Ersatz verlangen.[256]

Des Weiteren können die Handelsunternehmen auf Grund des Produkthaftungsgesetzes für den Vertrieb gefälschter und dadurch fehlerhafter Produkte haften. Zwar richtet sich das Produkthaftungsgesetz an den Hersteller, als Hersteller gilt aber jeder, der ein Produkt zu gewerblichen Vertriebszwecken in den europäischen Wirtschaftsraum einführt. Ist der tatsächliche Produzent nicht ermittelbar, so gilt zunächst der Lieferant als Hersteller. Es kommt auch nicht darauf an, ob der Händler Kenntnis von dem Produktfehler hatte oder ihm ein sonstiges Verschulden zur Last fällt.[257]

Auch Handelsunternehmen müssen also beim Ein- und Verkauf von Waren, vor allem bei Waren im unteren Preissegment, besondere Vorsicht walten lassen, da auf sie ansonsten hohe Kosten zukommen.

---

[255] vgl. Orgalime-Leitfaden, Wirksame Bekämpfung von Marken- und Produktpiraterie, Oktober 2001, S. 27
[256] vgl. *Worm, Ulrich*, „Die unterschätzte Gefahr", Der Handel 7 – 8/2006,
[257] vgl. *Worm, Ulrich*, „Die unterschätzte Gefahr", Der Handel 7 – 8/2006,

4.5.4. Folgen für die Volkswirtschaft

Die Markenpiraterie hat Auswirkungen auf das volkswirtschaftliche und beschäftigungspolitische Gesamtgefüge eines Staates. Hier ist danach zu differenzieren, ob in diesem die Herstellung gefälschter Waren erfolgt, oder ob die Waren in den Staat importiert werden, es sich also um ein Zielland handelt.[258] Allerdings sind viele Länder sowohl Zielland von Fälschungen als auch zugleich Herstellungsland.[259]

Auf den Absatzmärkten, also den sog. Zielländern, kommt es bei den Originalherstellern zu Umsatz- und Gewinnausfällen. Durch die Umsatz- und Gewinnausfälle kommt es wiederum zu Problemen bei der Beschäftigungslage.

Die Kommission hat die Arbeitsplatzverluste in der Europäischen Union in einer Mitteilung vom 17. Mai 1996 auf etwa 100.000 angesetzt. In besonders beeinträchtigten Ländern werden die Aufwendungen für Forschung und Entwicklung zurückgehen, da die Originalhersteller keinen angemessenen „*return on investment*" erhalten. [260]

Auch der Staat erfährt Einnahmeverluste, da die gefälschten Produkte oft nicht versteuert werden und illegal und unverzollt importiert werden. Des Weiteren müssen von staatlicher Seite hohe Investitionen getätigt werden, damit die Markenpiraterie effektiv bekämpft werden kann.[261]

Bei den Fälschungsländern selber scheinen die Auswirkungen auf dem ersten Blick wesentlich geringer. Vor allem was die Arbeitsplätze angeht, scheint es in diesen Ländern eher zu einer Arbeitsplatzverbesserung zu kommen. Betrachtet man die Probleme allerdings längerfristiger, wird man zu dem Entschluss kommen, dass auf Grund des Rufes der Fälschungsländer, ein internationaler Vertrauensverlust entsteht. Dieser führt dazu, dass

---

[258] vgl. Harte-Bavendamm, Handbuch der Markenpiraterie, S. 10
[259] vgl. *Maske, Barbara*, Markenpiraterie und Strafrecht in Deutschland, der Republik Polen und der Russischen Föderation, S. 33
[260] vgl. *Harte-Bavendamm, Henning*, Handbuch der Markenpiraterie, S. 10
[261] vgl. *Maske, Barbara*, Markenpiraterie und Strafrecht in Deutschland, der Republik Polen und der Russischen Föderation, S. 34

die Bereitschaft ausländischer Unternehmen, in diese Länder zu investieren und dadurch kontinuierliche Beschäftigung zu fördern, vermindert wird. Hat ein Land zu sehr den Ruf nur Produkte im Bereich des Low-Tech Counterfeitings zu produzieren, wird die Nachfrage nach eigenständigen und durchaus konkurrenzfähigen Produkten beeinträchtigen.[262]

4.6. Schutzmechanismen internationaler Unternehmen

Sich gegen Piraten zu schützen wird immer schwieriger, da diese zunehmend professioneller werden und meistens Teil eines größeren Vertriebsnetzes sind. Die Qualität der Nachahmungen wird immer besser und deren Beweis somit immer schwieriger.[263]

Oft werden auch unter die gefälschten Produkte Originale gemischt, damit die Ermittlungen erschwert werden, und die Produkte werden erst mit Marken versehen, wenn sie sich auf der letzten Handelsstufe befinden.[264]

Insbesondere internationale Unternehmen sind der Gefahr von Marken- und Produktpiraterie ausgesetzt, da sie auf Grund der Globalisierung der Weltwirtschaft eine Vielzahl von internationalen Geschäftsbeziehungen betreiben. Diese Firmen sollten ihre Marken in allen Ländern registrieren lassen, in die sie ihre Erzeugnisse heute oder in Zukunft verkaufen wollen, oder in denen die Produkte von Marken- oder Produktpiraterie bedroht sind. Diese Registrierungen sind zwar nicht kostenlos, jedoch angemessen, wenn man die Umsatzeinbußen betrachtet, die entstehen, wenn die Produkte der Unternehmen gefälscht werden. Des Weiteren bestehen multilaterale Vereinbarungen für die Registrierung von Marken, die mit nur einer einzigen Anmeldung geschlossen werden können. In der Europäischen Union ist dies z.B. die Gemeinschaftsmarke.[265]

Neben den rechtlichen Schutzmaßnahmen, die in den vorangegangenen Kapiteln erläutert wurden, stehen den Unternehmen auch eine Reihe von

---

[262]   vgl. *Harte-Bavendamm, Henning*, Handbuch der Markenpiraterie, S. 10
[263]   vgl. *Stökel / Lüken*, Handbuch Marken- und Designrecht, S. 269
[264]   vgl. *Stökel / Lüken*, Handbuch Marken- und Designrecht, S. 269
[265]   vgl. Orgalime-Leitfaden, Wirksame Bekämpfung von Marken- und Produktpiraterie, Oktober 2001, S. 14 ff.

technischen Hilfsmitteln zur Verfügung. Hierzu zählen z.B. Hologramme, Magnetstreifen, Spezialtinten und so genannte Microscopic Tags.[266] Aber auch Seriennummern können helfen, um die Piraterieware von der Originalware zu unterscheiden. Durch diese können verschiedenste Informationen an ein Produkt angebracht werden und die Distribution am Markt nachvollzogen werden. Durch eine Seriennummer können sogar unter Umständen Manipulationen am Produkt oder deren Verpackung nachgewiesen werden.[267]

Der Orgalime-Leitfaden[268] weist in seiner Broschüre „Bekämpfung von Marken- und Produktpiraterie" auf folgende Punkte hin, die man beachten sollte, wenn man sich für ein solches technisches Schutzmittel entscheidet: Die Methode des Schutzes sollte auf jeden Fall exklusiv sein, sie muss mit dem Erzeugnis fest verbunden sein, sichtbare und unsichtbare Elemente enthalten, einfach zu kontrollieren und zu erkennen sein, darf nicht zu kopieren, entfernen oder ändern sein, muss eine vernünftige Kosten- / Nutzenrelation aufweisen. Des Weiteren ist es wichtig, dass die Zollbehörden von den Schutzmaßnahmen in Kenntnis gesetzt werden und vor allem auch entsprechend für ihre Suche nach Plagiaten ausgebildet und unterstützt werden.

Einige Plagiatoren nutzen auch Messen, um ihre nachgeahmten Produkte Käufern anzubieten. Um sich vor diesem Vorgehen zu schützen, sollte man eine Akte aller die Registrierung der Schutzrechte betreffenden Unterlagen zusammenstellen, die Zollbehörden über ausgestellte Produkte, bei denen es sich um Plagiate handeln könnte, informieren. Dadurch können die Zollbeamten noch vor Beginn der Messe die Nachahmungen konfiszieren. Des Weiteren ist es wichtig, dass man mit Anwälten vor Ort, oder dem Syndikus der Messegesellschaft Kontakt aufnimmt, damit diese

---

[266] vgl. *Orgalime-Leitfaden*, Wirksame Bekämpfung von Marken- und Produktpiraterie, Oktober 2001, S. 20
[267] vgl. *Stökel / Lüken*, Handbuch Marken- und Designrecht, S. 276
[268] Orgalime wurde 1954 gegründet und vertritt die Interessen von 31 nationalen Industrieverbänden aus 21 europäischen Ländern auf der EU-Ebene. Zusammengenommen vertreten die Orgalime-Mitgliedsverbände weit über 100.000 Firmen aus den Bereichen Maschinenbau, Elektrotechnik, Elektronik und Metallverarbeitung

im Bedarfsfall schnell helfen können.[269] Denn vor allem auf Messen kann der zivilrechtliche Rechtsschutz nicht viel ausrichten, da die beantragte Verfügung erst nach einigen Tagen zugestellt und der Gegner bis dahin weiter verletzen kann. Des weiteren ist die Gefahr groß, dass der Rechteinhaber auf den Kosten des Rechtsstreites sitzen bleibt, wenn der Aussteller der gefälschten Markenware nicht mit greifbar ist.[270]

Effektiv sind auch regelmäßige Überwachungen von Verkaufsstellen und Internetplattformen, sowie Testkäufe in angemessenen Zeiträumen. Aber auch eine Überwachung der typischen Vertriebswege ist sinnvoll, indem z.B. ein örtlicher Beobachter oder Ermittler an typischen Warenumschlagsplätzen im Mittleren Osten eingesetzt wird.[271] Dies sind jedoch meistens Maßnahmen, die nur von größeren internationalen Unternehmen durchgeführt werden können, da diese auch über das notwendige Geld verfügen.

Handelsunternehmen müssen über ein eigenes Qualitätssicherungsmanagement verfügen, da auf Grund des stetig wachsenden Preisdrucks oftmals gefälschte und gefährliche Bauteile verbaut werden.[272] Dies ist vor allem für große und internationale Handelsunternehmen weniger problemlos, da sie über das notwendige Kapital verfügen.

Des Weiteren sollten schon bereits bei der Produktentwicklung vorbeugende Maßnahmen in Betracht gezogen werden. D.h. dass wenn das fertige Erzeugnis auf den Markt kommt, sollten bereits alle in Frage kommenden Rechte des geistigen Eigentums soweit wie möglich abgesichert sein.[273]

Außerdem sollten die Rechtsinhaber auf Detektive oder spezialisierte Anwälte zurückgreifen, wenn sie nicht über hausinterne Kapazitäten verfü-

---

[269] vgl. Orgalime-Leitfaden, Wirksame Bekämpfung von Marken- und Produktpiraterie, Oktober 2001, S. 23 f.

[270] vgl. *Gärtner, Anette / Worm, Ulrich*, Möglichkeiten zur Bekämpfung von Produktpiraten (Teil I), Mitteilungen der deutschen Patentanwälte, Juni 2007, Ausgabe 6, S. 259

[271] vgl. *Stökel / Lüken*, Handbuch Marken- und Designrecht, S. 277

[272] vgl. *Worm, Ulrich*, Der Handel 7 – 8/2006, „Die unterschätzte Gefahr"

[273] vgl. vgl. *Harte-Bavendamm, Henning*, Handbuch der Markenpiraterie, S. 43

gen. Diese können den jeweiligen Markt regelmäßig beobachten und Fäl-
schungsfälle aufklären. Es sollte auch vereinbart werden, dass die Ermittler regelmäßig schriftliche Berichterstattungen liefern. Somit können ge-
richtlich verwertbare Informationen gesammelt werden und außerdem die
Unternehmen bei einer laufenden Anpassung und Verbesserung der strate-
gischen Entscheidungen unterstützt werden.[274]

4.7.   Internationale Verbände und Organisationen gegen Produkt- und Marken-
       piraterie

Eine wichtige Organisation im Kampf gegen Produkt- und Markenpiraterie sind die Zollbehörden. Diese können nicht nur an der Grenze, sondern
auch an Grenzzollstellen, Binnenzollämtern, in Freihäfen oder bei Kontrollen durch mobile Kontrollgruppen tätig werden. Dieses Tätigwerden ist
unter dem Begriff der Grenzbeschlagnahme bekannt und beinhaltet einmal
ein Einschreiten der Zollbehörde im Verdachtsfalle, und ein nationales Be-
schlagnahmeverfahren, das eine offensichtliche Schutzrechtsverletzung an
den Beginn des Handelns stellt.[275] Die Grenzbeschlagnahmeverordnung ist
eine Maßnahme europarechtlicher Gesetzgebung zur Bekämpfung von
Produktpiraterie. Demnach können die nationalen Zollbehörden die Waren
bereits bei der Einfuhr anhalten, wenn diese im Verdacht stehen Fälschungen zu sein.[276]

Wenn der Hersteller des echten Markenprodukts Anzeige erstattet und
beweisen kann, dass es sich bei dem beschlagnahmten Produkt um eine
Fälschung handelt, dann kann die Zollbehörde die Ware beschlagnahmen.[277]

Der Industrieverband EIEMA (*Electrical Installation Equipment Manufac-
turers' Association*) hat eine gemeinsame Strategie gegen chinesische Pla-

---

[274]   vgl. *Harte-Bavendamm*, *Henning*, Handbuch der Markenpiraterie, S. 50
[275]   vgl. www.zoll.de/b0_zoll_und_steuern/d0_verbote_und_beschraenkungen
        /f0_gew_rechtsschutz_/a0_markenpiraterie/b0_grenzbeschlagnahme/index.html,
        30.04.2007
[276]   vgl. *Worm, Ulrich*, „Der Schutz gegen die Produktpiraterie wird erweitert", Frankfurter
        Allgemeine Zeitung vom 21. Februar 2007
[277]   vgl. *Alich / Hoffbauer*, Wider die optische Täuschung, Handelsblatt vom 16. August 2006

giatoren der Produkte von EIEMA-Mitgliedsunternehmen entwickelt. Dies wurde als „Elektrischer Drache" bezeichnet. An diesem Projekt nahmen acht Firmen teil, die sich die Honorare für die professionellen Nachforschungen sowie die Folgekosten für z.B. die Rechtsverfolgung teilten. Die Nachforschungen wurden zunächst bei Händlern in den Vereinigten Arabischen Emiraten durchgeführt, um die Geschäftsleute identifizieren zu können, die zur Lieferung von gefälschten Waren bereit waren. Man versprach sich, dadurch an die Hintermänner in den illegalen Fabriken in der Volksrepublik China zu kommen. Auch auf der Kanton-Messe, die zweimal im Jahr in Guangzhou stattfindet, wurden Recherchen angestellt. Durch dieses Projekt konnten über 500.000 Plagiate identifiziert und größtenteils auch sichergestellt werden. Auch wurden 25 Schablonen, 4 Druckpaletten und eine ganze Reihe von Firmen zerstört.[278]

Ein weiterer Verband, der gegen Produkt- und Markenpiraterie kämpft, ist die französische „Union des fabricants" („*Unifab*"). Diesem Verband, der schon seit 1872 gegen Kopierer kämpft, gehören mehr als 400 Unternehmen und andere Verbände an. Eine Strategie der Unifab ist, dass die Eigentümer der Läden, in denen gefälschte Produkte verkauft werden, und deren Mieter ständig wechseln, unter Druck gesetzt werden. Diese Strategie hat z.B. in New York zur Schließung vieler Boutiquen geführt. Aber auch gegen das Internet ist Unifab tätig. So fordert der Verband z.B., dass Ebay nicht nur die Seiten sperrt, auf denen Produktkopien angeboten werden, sondern auch gegen die Personen vorgeht, die hinter diesen Seiten stehen.[279]

Des Weiteren ist die World Customs Organisation („*WCO*") zu erwähnen. Diese hat ein Modell mit gesetzlichen Bestimmungen zusammengestellt, welches nationalen Gesetzgebungen als Vorbild zum Kampf gegen Marken- und Produktpiraterie dienen soll. Außerdem bemüht sie sich um eine

---

[278]   vgl. Orgalime-Leitfaden, Wirksame Bekämpfung von Marken- und Produktpiraterie, Oktober 2001, S. 14 ff.

[279]   vgl. *Alich / Hoffbauer*, Wider die optische Täuschung, Handelsblatt vom 16. August 2006

verbesserte internationale Zusammenarbeit der Zollbehörden sowie um den Aufbau einer Datenbank über Piraterievorgänge.[280]

Das Counterfeiting Intelligence Bureau („*CIB*") wurde von der Internationalen Handelskammer errichtet und sammelt, verwertet und verbreitet Informationen bezüglich der Erscheinungsformen und Verbreitung von Marken- und Produktpiraterie. Außerdem werden die Kontakte zu anderen Schutzverbänden gefördert und aktuelle länderübergreifende Publikationen über den Schutz gegen die Marken- und Produktpiraterie herausgegeben.[281]

Eine weitere wichtige Organisation ist die Global Anti-Counterfeiting Group („*GACG*"), welche die Systematisierung der globalen Kooperation zwischen den am Schutz gegen die Marken- und Produktpiraterie interessierten Verbänden und Institutionen als Ziel hat.[282]

Auch die Réseau Européen Anti Contrefaçon („*REACT*"), welche von niederländischen und belgischen Anti-Counterfeiting-Organisationen gegründet wurde ist hier zu nennen. Als Ziel hat sie die Errichtung einer zentralen Datenbank, mit deren Hilfe Ermittlungen und Durchsetzungsmaßnahmen in Pirateriefällen unterstützt werden können.[283]

5.   FAZIT

Der Markenschutz kann zum einen als reine Unterscheidungsform für Marken und Dienstleistungen gesehen werden, damit sich die jeweiligen Unternehmen von der Konkurrenz abheben. Ohne diese Unterscheidungsform wäre es dem Verbraucher beim heutigen Massenangebot von verschiedenen Gütern nicht mehr möglich Unterscheidungen zwischen den einzelnen Unternehmen zu treffen. In dieser Hinsicht ist der Markenschutz ein notwendiges Mittel.

---

[280]   vgl. *Harte-Bavendamm, Henning*, Handbuch der Markenpiraterie in Europa, S. 21
[281]   vgl. *Harte-Bavendamm, Henning*, Handbuch der Markenpiraterie in Europa, S. 21
[282]   vgl. *Harte-Bavendamm, Henning*, Handbuch der Markenpiraterie in Europa, S. 21
[283]   vgl. *Harte-Bavendamm, Henning*, Handbuch der Markenpiraterie in Europa, S. 21

Andererseits können Unternehmen durch zu lässige Prüfung durch das Patent- und Markenamt Marken für sich eintragen lassen, die eigentlich nicht eintragungsfähig sind. So ist z.B. bei der Eintragung der Marke „Fußball WM 2006" und „WM 2006" eine Marke eingetragen worden, die gem. § 8 Abs. 2 S. 2 MarkenG von der Eintragung ausgeschlossen ist, da sie aus Angaben besteht, die zur Bezeichnung der Art dienen kann. Die Firma Ferrero hatte gegen die Markeneintragung Beschwerde eingelegt, da rein beschreibende Begriffe nicht als Marke eintragungsfähig sind. Wäre diese Marke weiter eingetragen geblieben, hätte die FIFA jedes Unternehmen, das die Bezeichnung „WM 2006" erwähnt, verklagen können. Demnach können Marken auch von den Unternehmen ausgenutzt werden, da sie, wie im Fall der „WM 2006", einen Markennamen äußerst schnell für sich in Anspruch nehmen können, und somit ein gewisses Monopol setzen und keinen weiteren Wettbewerb zulassen. Man könnte fast behaupten, dass der Markenschutz den freien Wettbewerb hemmen kann.

Des Weiteren können bereits registrierte Marken der Gefahr ausgesetzt sein, dass sie ihren Schutz verlieren können. Deshalb sollten Firmen darauf achten, dass ihre Marken nicht zu Gattungsbezeichnungen werden. Damit werden die eingetragenen Marken zu sog. Freizeichen, die jeder Mitbewerber nutzen darf. Als Beispiel hierfür sind die früher geschützten Marken „Vaseline" oder „Nylon" zu nennen.

Auch kann ein einzelnes kleines Unternehmen von einem größeren, schon bestehenden Unternehmen leicht zu Nichte gemacht werden, wenn das kleine Unternehmen, das seine Marke neu eintragen lässt, eine leicht ähnliche Marke für sich eintragen lassen möchte. Oder was noch viel gravierender ist: Wenn ein schon bestehendes kleines Unternehmen seine Marke eingetragen hat und ein großes Unternehmen eine ähnliche Marke eintragen lässt, kann dieses behaupten, dass das kleine Unternehmen die Marke in der Sparte, für die es sie hat eintragen gelassen hat, nicht benutzt hat. Für einige Marken dürfte der Gegenbeweis relativ schwierig und teuer werden, wie z.B. bei einer Autoreparaturwerkstatt oder Ähnlichem.

Der Markenschutz kann also auch von großen Unternehmen ausgenutzt werden, um kleinere, mittelständige Unternehmen von der Konkurrenz auszuschalten.

Auch können sich meistens die kleineren, nationalen Unternehmen keinen Markenschutz leisten, da der juristische Rat, aber auch die Leute, die das Design und vor allem die Markennamen für die Produkte entwerfen, sehr teuer sind. Und vor allem der Markenname spielt eine überaus große Rolle, da von ihm der ganze Erfolg des Produktes abhängt. So ist es z.B. wichtig, dass der Name international verständlich sein muss.

Ein weiterer wichtiger Vorteil der internationalen Unternehmen gegenüber kleineren Unternehmen ist, dass sie auf Massenproduktion setzen können. Dadurch erwirtschaften sie hohe Deckungsbeiträge, die wiederum in Qualitätssicherung investiert werden können. Je internationaler also ein Unternehmen ist, desto mehr hat es die Chance auf dem globalen Markt zu überleben.

In anderen Gebieten, wie z.B. bei der Markenpiraterie, ist der Markenschutz angebracht. Vor allem bei gefälschten Medikamenten ist der Schaden, der durch diese Nachahmungen entstehen kann, zu hoch als dass man Fälschungen erlauben dürfte. Auf Grund der Globalisierung werden Handelshemmnisse immer weiter abgebaut, die Grenzkontrollen werden also immer weniger. Viele Länder, wie z.B. Tschechien und Polen fungieren als Transitländer, durch die die gefälschten Waren aus z.B. Russland nach Deutschland geschleust werden. Dadurch wird es für den Zoll immer schwieriger gefälschte Waren aufzuspüren. Durch den Wegfall der Grenzen in der Europäischen Union ist der Zoll auch nicht mehr an den ehemaligen Grenzen vorhanden. Die gefälschten Waren aus der EU werden also direkt in die Kaufhäuser oder zu den Einzelhändlern transportiert. Um eine Chance im Kampf gegen die Markenpiraterie zu besitzen müsste der Zoll also seine Büros direkt in den Kaufhäusern haben.

Der Trend gefälschte Produkte zu kaufen, scheint aber immer mehr zu steigen, da immer öfter von Markenpiraterie die Rede ist. Die Leute haben ein immer größer werdendes Interesse daran, sich von der breiten Masse abzuheben, und zu zeigen, dass sie zu einer bestimmten Schicht gehören, die sich teure Produkte leisten kann. Allerdings haben immer weniger Menschen die Möglichkeit sich diese teuren Produkte wirklich zu kaufen. Also sehen die meisten die einzige Möglichkeit darin, sich gefälschte Produkte zu besorgen. Oftmals werden aus dem Türkeiurlaub, der für die meisten Menschen erschwinglich ist, direkt ganze Koffer voller neuer gefälschter Waren mitgebracht.

Produktfälschungen können zwar die Aufmerksamkeit für das Originalprodukt erhöhen, jedoch werden die meisten gefälschten Produkte unter zweifelhaften Umständen hergestellt, und so besteht für die Markeninhaber-Unternehmen die Gefahr mit solchen Produktionsmethoden in Verbindung gebracht zu werden. Auch wenn ein Käufer weiß, dass er ein gefälschtes Produkt gekauft hat, und dieses trotzdem erhebliche Mängel aufweist, wird er den Markennamen mit den Mängeln in Verbindung bringen.

Dem gegenüber steht die sog. aufkommende „Geizwelle", auf Grund derer es der Markenindustrie immer schlechter geht. Vielmals steht die Qualität nicht mehr im Vordergrund, sondern nur noch der Preis. Auch dies kann der Grund sein, weshalb gefälschte Produkte, die oftmals eine wesentlich geringere Qualität aufweisen, gekauft werden. Die Käufer legen keinen Wert auf die Qualität, sondern nur auf den Anschein, dass sie sich teure Produkte leisten können. Des Weiteren ist es auf Grund der Geizwelle auch immer populärer mit niedrigen Preisen zu werben. Die Markeninhaber müssen also die anderen Vorzüge, wie hohe Qualität, immer mehr in den Vordergrund stellen, um aus dem Teufelskreis der immer niedrigeren Preise herauszukommen.

Dies scheint in der heutigen Welt, in der sich immer weniger Menschen teure Produkte leisten können, sehr schwierig zu sein. Vor allem verlangt die starke Herausstellung der anderen Vorzüge eine massive und vor allem kostspielige Werbung, die sich nur große und internationale Unternehmen

75

leisten können. Ein mittelständisches Unternehmen besitzt heutzutage kaum eine Chance sich diese notwendige Werbung leisten zu können. Es bleibt ihm also nichts anderes übrig, als auch mit dem niedrigen Preis zu konkurrieren.

Auch Internetplattformen wie „ebay" begünstigen die Markenpiraterie. Oftmals werden dort angebliche Markenwaren aus anderen Ländern für wesentlich niedrigere Preise angeboten. Auch wenn mittlerweile, wie weiter oben ausgeführt, eigene Programme der Internetauktionshäuser angeboten werden (VeRi-Programm bei ebay), muss noch vielmehr gegen die Markenpiraterie im Internet getan werden. Meistens merkt man als Verbraucher ziemlich schnell, dass es sich um ein Plagiat handelt, da die Preise oft realitätsfern sind und oft auch noch Herkunftsländer wie China oder Türkei in der Beschreibung angegeben werden. Würden die Verbraucher diese Angebote boykottieren, und die Markeninhaber die Plattformen noch mehr überwachen, und ein eigenes Qualitätsmanagement einführen, das sich nur um diese Aufgabe kümmert, würden nicht mehr so viele Markenpiraten ihre Ware anbieten.

Das Problem der Markenpiraterie kann also nur grenzüberschreitend und mit vereinten Kräften gelöst werden.

Vor allem der technische Fortschritt (wie z.B. Internet, Mobiltelefone, etc.) und die Globalisierung spielen eine große Rolle im Hinblick auf die Produkt- und Markenpiraterie. Allerdings darf man nicht den Standpunkt vertreten, dass diese Ursachen bekämpft werden sollen, da sie zum wirtschaftlichen Fortschritt dazugehören und der Wohlstandsmehrung dienen. Vielmehr muss darauf geachtet werden, dass die Rechtslage, also die Gesetze, so gestaltet und geändert wird, dass die Produkt- und Markenpiraterie bekämpft werden kann.

Da durch die Globalisierung Handelshemmnisse abgebaut, und die Handels- und Transportwege immer einfacher und schneller werden, wäre zu überlegen, ob nicht eines Tages ein weltweit einheitliches Schutzsystem geschaffen werden sollte. Als ersten Schritt kann man die Umsetzung der nationalen Schutzrechtssysteme in das Gemeinschaftssystem der Europäischen Union ansehen. Allerdings wäre diese weltweit einheitliche Umsetzung äußerst schwierig zu realisieren und bräuchte wohl einige Jahrzehnte. Doch somit würden die Ungleichgewichte in den rechtlichen Schutzinstrumentarien der einzelnen Ländern eliminiert werden, und die Durchsetzung des Markenschutzes weltweit vereinfacht werden.

Auch ist der Markenschutz für den Endverbraucher ein gutes Unterscheidungskriterium. Gerade heutzutage gibt es ein riesiges Sortiment von vielen Produkten, die aus ganz verschiedenen Ländern kommen. Durch die Marke erhält man als Endverbraucher einen Anhaltspunkt um die Produkte, und somit die Qualität zu erkennen.

Eine Marke dient auch nicht nur als oben beschriebenes Unterscheidungskriterium. Auch die Menschen, die die Marke benutzen, möchten sich von den anderen Verbrauchern, die die Marke nicht benutzen, unterscheiden. Als Beispiel kann hier „*Starbucks*" angeführt werden. Der Kaffee dort ist teuer, aber dennoch sind die Läden dieser Marke entgegen der aufkommenden „Geizwelle" gut gefüllt. Der „Coffee to go" wird in einen Pappbecher gefüllt, auf dem das Markenzeichen groß aufgedruckt ist. Mit diesem Becher geht man gerne durch die Straßen, um zu zeigen, dass man zu den Leuten gehört, die sich diesen teuren Kaffee leisten können. Auch die Ausstattung der Cafés sind in jeder Stadt und jedem Land gleich. Selbst eine eigene Sprache hat sich in diesen Cafés entwickelt, mit der die verschiedenen Kaffeesorten bestellt werden können. Wer sich sofort in den Cafés zurecht findet und die Sprache spricht, gehört dazu.

Insgesamt kann man sagen, dass Markenschutz gerade in der heutigen Zeit, in der die Welt ein einziger großer Marktplatz ist, nicht fehlen darf.

Anlage 1

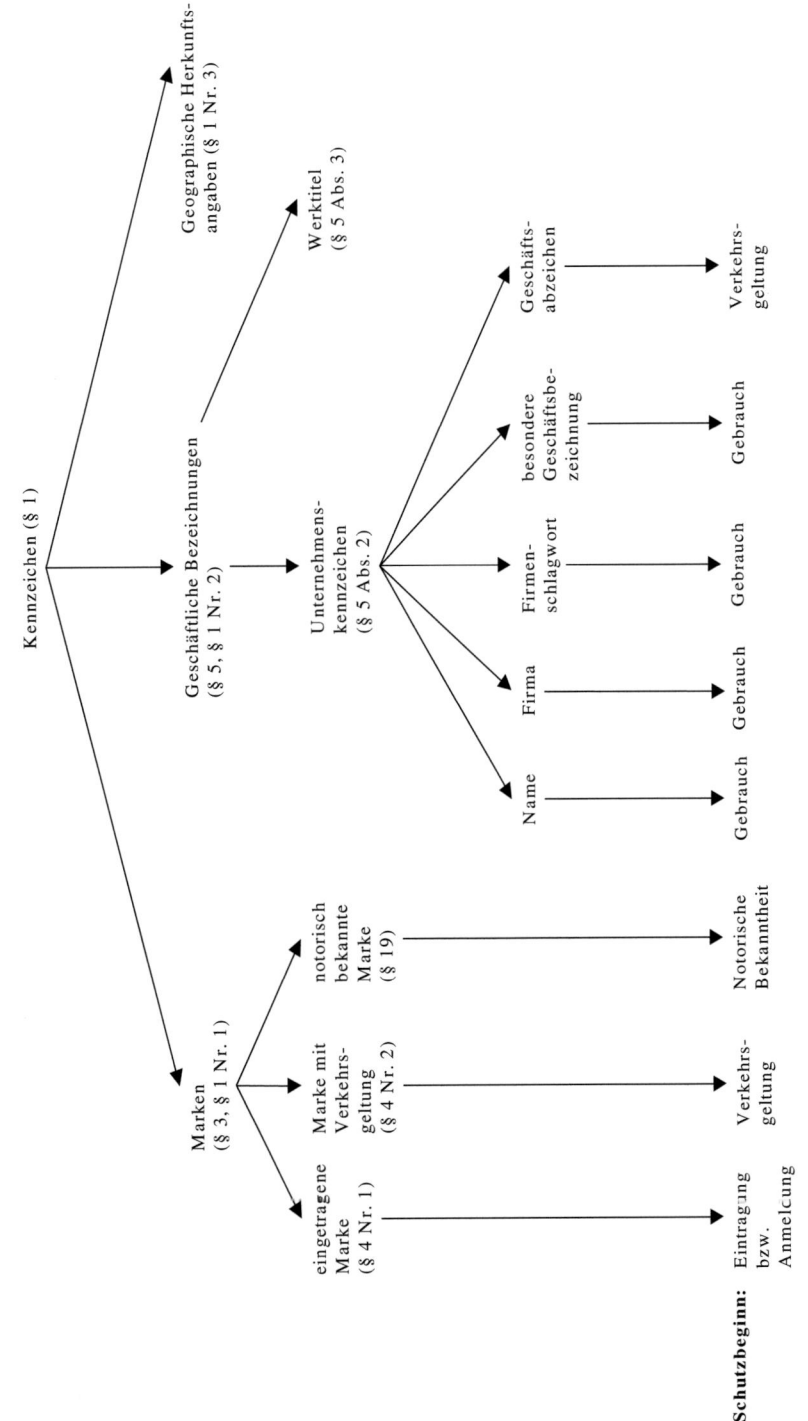

Schutzbeginn:

alle Paragraphen: MarkenG

LITERATURVERZEICHNIS

Bücher

Anduleit, Manfred: Die Rechtsdurchsetzung im Markenrecht, national, regional, international

Bahmann, Markus: Markenstrategien für den europäischen Binnenmarkt, Wettbewerbsrechtliche Studien, Band 3

Berlit, Wolfgang: Das neue Markenrecht, 4. Auflage

Bumiller, Ursula: Durchsetzung der Gemeinschaftsmarke in der Europäischen Union, Praxis des Gewerblichen Rechtsschutzes und Urheberrechts

Busse, Rido: Produktpiraterie, Europäische Anwaltsvereinigung

Celli, Alessandro: Internationales Kennzeichenrecht

Fezer: Markenrecht, München 1997, § 3 MarkenG Rdnr. 11 und § 14 Rdnr. 425

Giefers: Marken- und Firmenschutz

Giefers/May: Markenschutz, Waren- und Dienstleistungsmarken in der Unternehmens- und Rechtspraxis, 5. Auflage, 2003

Gotta u.a.:   Brand News, Wie Namen zu Markennamen werden

Göttgens/Gelbert/Böing: Profitables Markenmanagement, Strategien – Konzepte – Best Practices, BBDO Consulting

Harte-Bavendamm, Henning: Handbuch der Markenpiraterie in Europa, 2000

Ilzhöfer, Volker: Patent-, Marken- und Urheberrecht, Leitfaden für Ausbildung und Praxis, 5. Auflage

Klaka/Schulz:	Die Europäische Gemeinschaftsmarke, Überblick für die Praxis
Köhler, Majer, Wiezorek:	Erfolgsfaktor Marke, Neue Strategien des Markenmanagements
Kucksko, Guido:	Geistiges Eigentum, Markenrecht / Musterrecht / Patentrecht / Urheberrecht, Wien 2003
Marx, Claudius:	Deutsches und europäisches Markenrecht, Handbuch für die Praxis
Maske, Barbara:	Markenpiraterie und Strafrecht in Deutschland, der Republik Polen und der Russischen Föderation, Europäische Hochschulschriften, Reihe II, Bd./Vol. 4008
Meffert/Burmann/Koers:	Markenmanagement, Identitätsorientierte Markenführung und praktische Umsetzung
Niehues, Henrik:	Deutsche Marke, Gemeinschaftsmarke und internationale Registrierung, Schriften zum Marken- und Wettbewerbsrecht, 1999
Nordemann, Wilhelm:	Wettbewerbs- und Markenrecht, 9. Auflage
Per Mollerup:	Marks of Excellence, The History and Taxanomy of Trademarks, London 1997
Repenn / Weidenhiller	Markenbewertung und Markenverwertung; Kauf und Verkauf, Pfändung und Sicherungsübereignung von Marken, Markenlizenz, Bilanzierung von Markenwerten, Markenwert-Tabellen, 2. Auflage

Schmidt-Pfitzner, Jan:	Das TRIPS-Übereinkommen und seine Auswirkungen auf den deutschen Markenschutz, Studien zum Gewerblichen Rechtsschutz und zum Urheberrecht, Band 3
Schricker / Bastian / Albert:	Die Neuordnung des Markenrechts in Europa, Textsammlung, Europäisches und internationales Markenrecht, Markengesetze der Mitgliedsstaaten der EU
Schricker/Bastian/Knaack:	Gemeinschaftsmarke und Recht der Mitgliedsstaaten, Auflage 2006
Selzer, Dagmar:	Der Schutz vor Markenpiraterie auf internationaler und europäischer Ebene unter besonderer Berücksichtigung des Übereinkommens über handelsbezogene Aspekte der Rechte des geistigen Eigentums und der europäischen Antipiraterieverordnung, Dissertaion Universität Münster
Stöcke / Lüken:	Handbuch Marken- und Designrecht, 2. neu bearbeitete und erweiterte Auflage
Weberndörfer, Jörg:	Rechtsvergleich Deutschland – Vereinigtes Königreich: Auswirkungen der Umsetzung der EG-Markenrichtlinie auf den erweiterten Schutz „bekannter" Marken, Band 8

Aufsätze und Beiträge in Sammel- und Nachschlagewerken, Zeitschriften und Zeitungen

Alich /Hoffbauer:	„Wider die optische Täuschung" in: Handelsblatt, 16. August 2006

Bender, Achim: „Die Gemeinschaftsmarke verliert die Form und gewinnt an Kontur", Die Entwicklung in Rechtsprechung und Praxis im Jahr 2006, in: MarkenR 02/2007

Bugdahl, Volker: „Erfolg(reich) mit Marken", in: MarkenR 07-08/2005

Gärtner, Anette / Möglichkeiten zur Bekämpfung von Produktpiraten
Worm, Ulrich: (Teil I), Mitteilungen der deutschen Patentanwälte, Juni 2007, Ausgabe 6

Grauel, Holger: „Effektiver Markenschutz durch die Markenabteilung", in: MarkenR 05/2005

Knaak, Roland: „Erste höchstrichterliche Entscheidungen aus den Mitgliedstaaten zur Verletzung von Gemeinschaftsmarken", in: MarkenR 01/2007

Mittelstaedt, Axel: „Fünf Tipps für Mittelständler", in: Werben & Verkaufen, Nr. 31, 3. August 2006

Phalow, Louis: „Das Recht an der Marke als Benutzungsrecht des Markeninhabers", in: MarkenR 03/2006

Renner, Cornelius: „Die wunderbare Welt der Marken", Über den Alltag in Wort, Bild, Ton und Farbe eines Markenrechtsanwalts in: justament, Die Referendarszeitschrift, vier 2006

Schmitt, Sabine: „Luxus auf Pump", in: Rheinische Post, Artikel vom 12. August 2006

Schmoch, Ulrich:	„Marken als Innovationsindikator für Dienstleistungen", Studien zum deutschen Innovationssystem, Nr. 7-2003, Fraunhofer Institut für Systemtechnik und Innovationsforschung
Schröder:	„Markennamen zünden in der rechten Hirnhälfte", in: SPIEGEL ONLINE v. 14.8.2002
Schröter, Rolf:	„Der Jurist als Designer", in: Werben & Verkaufen, Nr. 31, 3. August 2006
Sonntag:	„Erfolgslizenzen", in: Rheinische Post, Artikel vom 9. September 2006
Urbaczka, Annett:	„Henkel: Im Osten viel Neues", in: Rheinische Post, Artikel vom 12. August 2006
Worm, Ulrich:	„Die unterschätzte Gefahr", in: Der Handel 7 – 8/2006
Worm, Ulrich:	„Der Schutz gegen die Produktpiraterie wird erweitert", in: Frankfurter Allgemeine Zeitung vom 21. Februar 2007
Worm, Ulrich:	„Gefälschte Fanartikel im Internet", in: LZ 26 vom 30. Juni 2006
Zerres, Thomas:	„Der Erschöpfungsgrundsatz im deutschen und europäischen Markenrecht", in: MarkenR 04/2006
Zittlau, Jörg:	„Immer mehr Medikamente gefälscht", in: Rheinische Post, Artikel vom 7. März 2007

Broschüren, Geschäftsberichte, Sonderhefte, statistisches Material

Ohne Verfasser: Das neue Markenrecht, Grundlagen und Auswirkungen in der anwaltlichen Praxis, Verlag C.H. Beck München

Ohne Verfasser: Die Marke, Markenschutz bei Henkel

Ohne Verfasser: Field Fisher Waterhouse, German Newsletter Herbst 2002

Ohne Verfasser: GHPF News, Mitteilungen des German Pharma Health Fund e.V. (GPHF), Nr. 1/2005

Ohne Verfasser: IHK-Merkblatt, Werbung zur Fußballweltmeisterschaft

Ohne Verfasser: *Internet*AGENT, Neues zu Vertriebs- und Markenschutz im Internet, September 2006

Ohne Verfasser: *Markenverband / McKinsey&Company,* Die Bedeutung von Marke und Markenartikelindustrie, Eine volkswirtschaftliche Perspektive, Untersuchung von 2004

Ohne Verfasser: Orgalime-Leitfaden, Wirksame Bekämpfung von Marken- und Produktpiraterie, Ein praktischer Leitfaden für die europäische Investitionsgüterindustrie, Oktober 2001

Urteile

BGH, Urt. v. 10.5.1955 – I ZR 91/53, GRUR 1955, 484

BGH, Urt. v. 25.4.1961 – I ZR 31/60, GRUR 1961, 35 (538).

BGH, Urt. v. 18.2.1972 – I ZR 82/70, GRUR 1972, 558

BGH, Urt. v. 9.2.1995 – I ZR 21/92, NJW 1995, 1752

BGH, Urt. v. 12.7.2001 – I ZR 100/99, MarkenR 2002, 23

EuGH, Urt. v. 17.10.1990 – Rs C-10/89, GRUR Int. 1990, 960

EuGH, Urt. v. 22.6.1994 – Rs C-9/93, GRUR Int. 1994, 614

EuGH, Urt. v. 14.9.1999 – Rs C-375/97, MarkenR 1999, 388

OLG Köln, Urt. v. 16.4.1993 – 6 U 181/92, GRUR 1993, 668

OLG Hamburg, Beschl. v. 5.1.2006 – 5 W 2/06 – Trabi 03

Dokumente aus dem Internet

Althoetmar, Kai:	Markenpiraterie: Fälscherware auf der Spur, www.wdr.de/tv/markt/service/berichte, 16.06.2006
Brintrup, Saskia:	Online-Auktionen: ...3 ...2 ...1 ...Fälschung! www.onlinekosten.de/news/artikel, 16.06.2006
Ferchland, Antje:	www.anwalt24.de/profil/11084/ antje_ferchland_ll_m./blog/15/393/ markenschutz_benutzungsmarke, 10.05.2007
Frost, Simon:	Deutsche Wirtschaft verbrennt Plagiate, www.netzeitung.de/spezial/globalvillage/343857, 21.03.2007
Kuhn, Lothar:	Tatort Ebay, www.manager-magazin.de/it/artikel, 16.06.2006

Richard, Johannes:	Markenpiraterie bei ebay, www.internetrecht-rostock.de/markenpiraterie.htm., 6.05.2007
Richter, Felix:	Marken, Markenschutz und Markenanmeldung, www.ra-kanzlei-richter.de, 02.05.2007
Schneider, Kerstin:	Die Plagiate-Drehscheibe, www.stern.de/wirtschaft/immobilien/verbraucher/:Produktfälschungen, 16.06.2006
Thiel, Stefan, Bock, Tobias:	Einführung in das Markenrecht – Teil 2 Entstehung von Markenschutz, www.brennecke-partner.de, 03.05.2007
Zierhut, Christian:	Markenschutz – aber richtig! www.123recht.net/article.asp?a=15834, 23.05.2007
Ohne Verfasser:	Wirtschaft befürchtet WM-Piraten, http://emsn.nwz-onli-ne.de/wm2006/nwz.php?CMD=ViewArticle&id=10460450, 21.03.2007
Ohne Verfasser:	Mehr Markenanmeldungen 2006, http://www.markenlexikon.com/start.html, 22.04.2007
Ohne Verfasser:	Entstehung von Marken (Historie) www.markenlexikon.com/markengeschichte.html, 03.05.2007
Ohne Verfasser:	www2.markenpiraterie-apm.de/index.php?lang=de&rid=2&pid=1, 10.06.2007

Ohne Verfasser: Markenschutz Grundlagen, www.markenschutz-infos.de/markenschutz/grundlagen/markenrechtgrundlagen.htm, 8.05.2007

Ohne Verfasser: Die Erlangung von Markenschutz, www.markenschutz-infos.de/markenschutz/markenschutz-erlangung/erlangung.htm, 23.05.2007

Ohne Verfasser: http://www.markenlexikon.com/start.html, 22.04.2007

Ohne Verfasser: Markenrecht und DPMA, www.tutorials.de/forum/webmaster-tutorials/75495-markenrecht-und-dpma.de, 02.05.07

Ohne Verfasser: Bekämpfung der Marken- und Produktpiraterie, www.zoll.de/b0_zoll_und_steuern/d0_verbote_und_beschraenkungen/f0_gew_rechtsschutz/a0_markenpiraterie/index.html, 03.05.2007

Ohne Verfasser: Beschlagnahme von Markenfälschungen für die WM 2006 in Berlin-Brandenburg, www.zoll.de/f0_veroeffentlichungen/c0_produktpiraterie/y0_2006/m25-markenfaelschungen/index.html, 21.03.2007

Ohne Verfasser: Tätigwerden der Zollbehörden www.zoll.de/b0_zoll_und_steuern/d0_verbote_und_beschraenkungen/f0_gew_rechtsschutz_/a0_markenpiraterie/b0_grenzbeschlagnahme/index.html, 30.04.2007

Ohne Verfasser: Produktpiraterie – Made in Germany,
                          www.konstruktionspraxis.de/fachartikel/
                          druck/kp_fachartikel_druck_5404783.html,
                          10.05.2007

Gesetzestexte

Gemeinschaftsmarkenverordnung

Markengesetz

Markenrichtlinie

Pariser Verbandsübereinkunft

TRIPS-Übereinkommen